KB114362

# 지금 여기,
# 포르투갈

산티아고 순례길, 지금이 나일 수 있는 마지막 시간이라면

# 지금 여기,
# 포르투갈

한효정 지음

푸른향기
Prunbook Publishing Co.

내 귓속엔 파도가 넘실거리고

몸엔 유칼립투스 냄새 가득해

그가 심어 놓은 노란색 화살표를 따라

나는 걸어가네

마른 꽃송이 하나 얹고 느린 하루 속을 걷네

# 네가 돌아올 때까지 꽃이 피어 있으면

올해로 만 60살이 되었다. 내 또래의 대부분이 은퇴하고 인생 후반기의 삶을 설계하는 동안, 나는 현장에서 일을 하고 있었다. 가뜩이나 불황이라는 출판업을 16년째 해오면서 곶감 빼먹듯 빠져나가는 월세가 무서워 사무실을 집으로 옮긴 지 몇 년째다. 책을 만드는 일은 즐겁지만, 결과가 좋을 때만 아름답다. 한 번도 서점으로 나가보지 못한 책들과 팔리지 않아 돌아온 책들이 물류센터 창고에 쌓여가는 것을 볼 때마다 가슴에 돌덩이를 얹어놓은 듯 무거웠다. 늘어나는 창고비를 감당할 수 없어 책을 폐기하는 날에는 내 몸이 두 동강 나는 꿈을 꾸다가 식은땀을 흘리며 잠에서 깨기도 했다. 원고들을 보느라 늦은 밤까지 혹사시킨 눈은 이제 그만, 하며 비명을 지르고 있었다.

어느 날 휴대폰이 고장 났다. AS센터에 가서 휴대폰 초기화를 했고, 다음날은 사무실 프린터를 더 이상 쓸 수가 없어 새 프린터로 바꿨다. 어느 아침엔 컴퓨터를 켜자, 모니터에 빨간 줄이 그어지더니 기어이 꺼지고 말았다. 왜 내가 쓰면 무엇이든 고장이 나고 마는가. 모든 것들이 나를 거부하는 것 같았다.

그렇다. 번아웃이었다. 나는 쉬지 않으면 안 될 만큼 에너지가 고갈되어 있었다. AS가 필요한 사람은 정작 나였다. 평생 소처럼 일했으나 이제 겨우 살 만하니 알츠하이머에 걸린 아버지와 그런 아버지를 보살펴야 하는 늙고 약한 어머니를 보면서, 나도 그들처럼 되는 건 아닐까 두려웠다. 이렇게 일만 하다 내 삶을 끝내고 싶진 않았다.

나는 잠시 떠나 있기로 했다. 케이크에 여섯 개의 기다란 초를 켜놓고 판에 박힌 생일축하 노래를 듣는 대신, 혼자서 조용히 내 삶을 돌아보고 싶었다.

그래서 선택한 곳이 다시 산티아고 순례길이었다. 이번엔 포르투에서 산티아고 데 콤포스텔라에 이르는 290km의 포르투갈 해안길이다. 리스본행 야간 열차, 주제 사라마구, 파두, 아줄레주, 노란 트램, 포트와인, 오브리가도…. 포르투갈에 대해 아는 건 고작 이것밖에 없지만, 이제부터 알아 가면 될 일이다.

하루는 시간 내서 부모님의 은행 업무를 봐드리고, 사진과 영상, 스팸문자로 가득 찬 휴대폰을 정리해드렸다. 틈틈이 부모님 댁을 오가며 두 분을 챙기면서도, 내가 없는 동안 아버지의 상태가 더 악화되지는 않을까 걱정되었다.

몇 주 전부터 짐을 싸고 풀기를 반복했다. 7년 전 산티아고 순례길에서 힘들었던 경험을 떠올리며 이번엔 정말 필요한 게 아니면 가져가지 않겠다고 다짐한 터였다. 코펠을 챙기지도 않았고, 김장봉투도 넣지 않았다. 그럼에도 불구하고 배낭의 무게가 8kg이 넘었다. 가벼워지려면 아직 멀었다.

하루는 낡은 등산화에 배낭을 메고 한강을 따라 걸었다. 오른쪽 등산화의 뒤꿈치가 주저앉았는데, 걸을 때마다 발뒤꿈치가 쓸려 아팠다. 시작도 하기 전에 물집이라니! 900km를 걷고도 물집 한번 안 잡힌 나였는데…. 급히 아웃도어 용품점으로 달려가 새 신발을 장만했다.

이제 나의 포르투갈 여행은 3부로 나뉘게 될 것이다. 포르투, 산티아고 순례길, 그리고 리스본. 머물고 떠나는 여행이 될 거라 생각하니 여행을 시작한 듯 벌써부터 설렜다.

"네가 돌아올 때까지 이 꽃이 피어 있으면 좋겠다."

꽃병에 꽂힌 프리지아를 만지작거리며 어머니가 말씀하셨다. 사흘도 안 가 시들어버릴 꽃에게 말하는 어머니의 속내를 알 것 같았다. 그것은 지쳐 있는 딸에게 싱싱해져 돌아오라는 당부였을 것이다.

저녁으로 샐러드 한 접시를 만들어 안양천이 내려다보이는 식탁에 앉았다. 수양버들이 연초록 가지들을 늘어뜨리고 있었다. 늘어진 수양버들과 강 물결 사이로 석양빛이 내려앉았다. 금빛 물결이 잔잔하게 일렁였다. 서부간선도로에는 퇴근 차량들이 강 물결만큼이나 느리게 흘렀다. 라디오에서는 'Now and forever'라는 노래가 흘러나오고 있었다.

갑자기 이 모든 순간이 낯설었다. 출국을 앞두고 있어서일까. 한동안 익숙한 풍경으로부터 멀어질 거라는 생각이 마음을 서걱이게 했다. 며칠 후면 나는 상벤투 역이 내려다보이는 포르투의 에어비앤비에서 저녁을 먹고 있을 것이다. 고단한 눈을 쉬게 하고 초록을 많이 보고 싶다. 고요히, 그리고 천천히 걷고 싶다. 포트와인을 마시고 선한 눈을 가진 사람들의 기운을 듬뿍 담고 싶다. 그리고 누구의 딸도, 누구의 엄마도 아닌 온전한 나로서 '지금, 그리고 영원히' 나를 지켜내고 싶다.

# Contents

## Chapter 2
## 산티아고 순례길, 포르투갈 해안길을 걷다

## Contents

## Chapter 3
## 리스본에서

# Chapter 1
# 포르투에서

## 낯선 침대에서 하룻밤을

초인종이 울렸다. 상벤투 역이 내려다보이는 포르투의 에어비앤비에서 지수와 함께 저녁을 먹고 있을 때였다. 지수는 7년 전 프랑스길 카미노에서 만난 친구인데, 알고 보니 고등학교 후배였다. 미국에서 사는 그녀는 순례길을 걷고 싶어 하는 지인과 함께 사리아에서 산티아고까지 100킬로미터를 걷고, 마침 시간이 맞아 포르투에서 일주일을 나와 함께 지내기로 했다. 따라놓은 포트와인은 반도 비우지 못한 채였다.

누구지? 고개를 갸웃거렸다. 현관문에 달린 렌즈를 통해 바깥을 내다보니 낯선 남자 둘이 서 있었다.

"누구세요?"

물었는데, 오히려 그쪽에서 같은 질문이 돌아왔다.

"누구세요?"

대체 무슨 상황이지…?

닫힌 문을 사이에 두고 팽팽한 긴장감이 감돌았다. 아는 사람 하나 없는 이국의 도시에서 웬 낯선 남자들이란 말인가. 혹시 여행자들을 노린 신종 범죄? 신고해야 하나…. 머릿속으로 수상쩍은 생각들이 오갔다.

렌즈로 내다보니 문밖의 남자들은 떠날 생각을 하지 않았다.

"무슨 일이시죠?"

그러자 문밖에서 이런 대답이 돌아왔다.

"이 집을 청소하러 온 사람들인데요."

갑자기 불안한 예감이 머리를 스쳤다. 혹시 우리가 집을 잘못…?

왜 좋지 못한 예감은 늘 들어맞는 걸까.

우리가 3층으로 잘못 알고 들어온 집은 2층에 있는 남의 집이었다. 유럽에서는 1층을 그라운드플로어라고 하여 2층을 1층이라 부른다는 것을, 따라서 우리가 3층이라고 생각했던 곳은 2층이었다는 사실을, 나는 물론 스페인에서 1년을 살았던 지수도 깜빡한 것이다. (배운 것과 써먹는 것은 별개였다.) 게다가 층마다 집의 구조가 똑같다 보니 열쇠를 두는 곳도 같았다. 다시 말해 우리는 남의 집에 무단침입해 남의 침대에서 당당하게 하룻밤을 지낸 것이다.

그에 앞서 나는 에어비앤비 호스트에게 컴플레인을 한 터였다. 왜 침대가 두 개라 하더니 더블침대만 하나인 거냐, 청소도 안 되어 있고 쓰레기도 그대로 있는 거냐 등등. 호스트는 도우미가 와서 청소도 했고 침대도 두 개로 분리해놓았는데, 어떻게 이런 일이 일어났는지 모르겠다며 정말 미안하다고, 내일 다시 도우미를 보내주겠다 했던 터였다. 쥐구멍이라도 찾아, 없으면 파고 들어가 숨고 싶었다.

"Oh, My God!!"

우리가 엄청난 실수를 했다고 이실직고를 했더니 호스트로부터 온 첫마디였다.

급하게 짐을 싸서 3층으로 올라왔는데….

깔끔하게 정돈된 방에는 순백색 시트가 덮인 침대 두 개가 나란히 놓여 있었다.

여행 첫날부터 이런 해프닝이라니!

서두르느라 미처 챙기지 못한 샤워타월을 가지러 다시 2층으로 내려갈 염치가 없었다. 참으로 엉뚱하고 황당하고 화끈거리는 여행 신고식이었다.

## 포르투갈어 수업시간

지수를 따라 덜컥 어학원에 등록한 것이 화근이었다.

포르투에 머무는 일주일 동안 포르투갈어를 배워보자고 처음 제안한 건 지수였다. 재미있는 경험이 될 것 같아 나도 함께 해보겠다고 했다. 영어와 스페인어를 모국어처럼 쓰는 지수와 인터넷으로 포르투갈어를 배웠다는 멜라니, 그리고 포르투갈어의 '포'자도 모르는 내가 같은 반이 되었다.

우리에게 포르투갈어를 가르쳐줄 선생님은 20년 동안 강의를 해왔다는 안젤라였다. 그녀는 각자 영어로 자기소개를 하게 한 후, 워밍업도 없이 수업을 시작했다. 그녀의 영어는 유창했고 빨랐다. 포르투갈의 모음(서로 다른 소리를 내는)을 설명했고, 곧바로 be동사로 들어갔다. 무슨 놈의 be동사에 일시적인 쓰임이 있고 영구적인 쓰임이 있다는 건지…. 우리말에도 없고 영어에도 없는 규칙이었다.

머리가 핑핑 도는 것 같았다. 안젤라의 빠른 영어를 알아듣는 일도, 낯선 포르투갈어를 배우는 일도 나에겐 도전이었다. 읽는 법이나 배우고 서바이벌 포르투갈어나 익혀볼까 가볍게 생각했는데, 완전 착오였다. 멜라니와 지수는 곧잘 따라 하는 것 같았다. 불규칙동사로 넘어갈 무렵 멘붕이 왔다. 쉬려고, 즐거우려고 온 여행인데 이게 뭔가. 회의감이 들었다.

"안젤라, 잠깐 쉬었다 하면 안 될까? 머리가 터질 거 같아."

나는 거의 울상이 되어 말했다. 세 명의 수강생들은 어학원 앞에 있는 카페로 몰려갔다. 커피를 마시며 내가 말했다.

"이건 마치 두 가지 언어를 한꺼번에 공부하는 것 같아. 게다가 안젤라는 포르투갈어를 어느 정도 알고 있는 너희 둘한테 수준을 맞추고 있잖아. 아무래도 나에겐 무리야."

그러자 멜라니와 지수가 나를 설득하기 시작했다.

"우리도 모두 다 이해하는 건 아니야."

"다 알려고 하지 말고 쉬엄쉬엄 해보자. 그냥 즐겨봐."

스위스 집에서부터 출발해 석 달 동안 산티아고를 향해 걸었다는 멜라니의 맑은 눈빛과 나의 카미노 친구 지수의 간절한 눈빛을 차마 외면할 수 없었다. 시작하자마자 포기한다면 두고두고 후회할 것 같았다. 잘하려는 욕심만 버리면 되는 거잖아. 재밌는 경험이 될 거야. 스스로에게 자기최면을 걸었다.

우리는 다시 어학원으로 돌아갔다. 안젤라가 물었다.

"기분이 좀 나아졌어?"

"Much better."

"자, 그럼 계속해볼까?"

"Eu sou a Hyojung(나는 효정입니다)."

## 마제스틱 카페에서 만난 그녀

오늘 아침에도 상벤투 역에 있는 제로니모카페에서 제로니모커피와 애플 파이를 먹었다. 커피에 위스키가 많이 들어 있어서 놀랐다.

어학원 가는 길에 포르투의 유명한 재래시장인 볼량시장이 있다고 해서 오며 가며 구경하면 좋겠다고 생각했는데, 기대했던 시장을 볼 수 없었다. 안젤라에게 물어보니 시장 대부분이 문을 닫았고, 그 자리에 새 시장 건물이 건설 중인데, 2년 후에나 오픈될 거라고 얘기해주었다. 시장 구경을 좋아하는 엄마가 예쁜 그릇을 값싸게 구입할 수 있는 곳이라며 포르투에 다녀온 딸들이 바람을 잔뜩 넣어놓았는데, 실망이었다. 어학원 근처 지하 쇼핑몰에서 생선과 야채, 기념품 등을 구경하는 것으로 아쉬움을 달래야 했다. 정어리캔이 이곳 특산품으로 유명하다는데, 시식해보니 괜찮아서 와인 안주를 하려고 샀다. 지수가 좋아하는 건강식 빵도 함께.

마제스틱 카페(Majestic Cafe)에서 점심을 먹기로 했다. 조앤 롤링이 글을 쓰곤 했다는 카페로 유명해진 탓에 줄을 서서 들어가야 했지만, 오래된 건물이 우아하고 품격 있어 그 명성에 흠결을 낼 수 없는 곳이었다. 이곳에서 주문한 파스타는 결코 싸다고 할 수 없는 가격이었지만, 테이블과 테이블 사이를 춤추듯 걸어 다니는 웨이트리스의 생기발랄하고 친절한 매너가 고전적인 건물의 가라앉은 공기를 살아 움직이게 했다.

프랑크푸르트에서 포르투로 오는 비행기 안에서 만난 스튜어디스도 그랬다. 그녀는 두 무릎을 기내 바닥까지 낮추고 앉아 승객과 눈높이를 맞추며 대화를 했는데, 직업인으로서의 몸에 밴 친절이 아니라 진심으로 상대를 배려하고 있다는 생각이 들었다. 어학원에서 열정적으로 수업을 이끌어가는

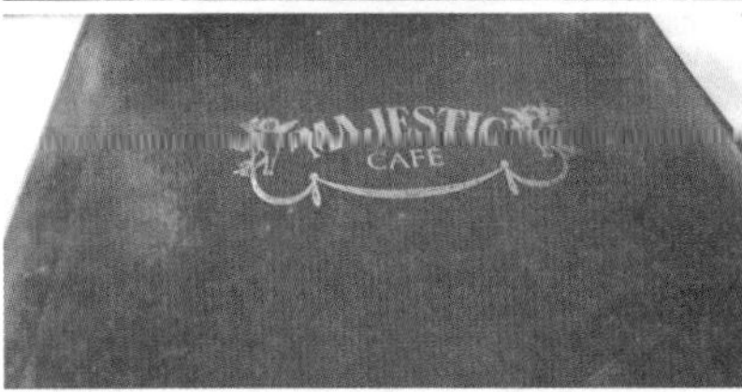

안젤라를 볼 때도 비슷한 느낌이었다. 그녀는 단지 포르투갈어만 가르치는 게 아니라, 포르투갈의 역사와 문화, 음악과 음식 등에 대해 시간이 날 때마다 얘기해주었다. 나는 포르투갈어를 배우는 것보다, 현지인으로부터 포르투갈에 대해 알아 가는 즐거움이 더 컸다. 언제 어디서든 열정적으로 일하는 사람을 보는 일은 즐겁다. 이런 사람들을 만나기 위해 우리는 익숙한 곳을 떠나 낯선 곳으로 여행을 하는지도 모른다.

## 베란다 4층 난간에서의 소란

순례길을 출발하기에 앞서 순례자여권(Credential)을 구입하기 위해 포르투 대성당으로 가는 길이었다.

대성당 맞은편을 향해 사람들이 몰려 있었다. 무슨 일인가 하여 돌아보니 맞은편 건물 4층(이들 식으로 하면 3층) 난간에 할아버지 두 분이 서 있었다. 그들은 베란다를 통해 무언가를 아래로 내리려 애를 쓰고 있었다. 나무 찬장으로 보이는 낡은 가구를 밧줄에 매달아 도로에 세워둔 트럭 위로 내리려 하는데, 뜻대로 되지 않는 것 같았다.

가구는 4층을 내려와 3층을 향해 천천히 내려가다가, 3층 베란다 난간에 부딪쳐 요란한 소리를 냈다. 저러다간 아래층까지 내려가기도 전에 가구가 산산조각이 날 것 같았다. 지금이 어느 시대인데 사다리도 아니고, 계단을 통해 나르는 것도 아니고, 겨우 밧줄 따위에 매달아 가구를 내린단 말인가.

구경꾼들은 대부분 관광객이었다. 그들은 저마다 두 노인의 원시적이고 우스꽝스러운 작업을 사진으로, 영상으로 담느라 바빴다. 이 위태로운 상황의 결과가 궁금해, 나도 발걸음을 멈추고 서서 지켜보았다. 가구가 3층 난간에서 내려가지 못하고 다시 부딪치자 관중들은 일제히 안타까운 탄식을 내뱉었다. 정작 본인들은 얼마나 진땀 나는 상황일까 생각하니, 내 손에서도 땀

이 나는 것 같았다.

어렵사리 내려간 가구는 2층 난간에서 다시 쿵, 한번 부딪치고는 곧장 트럭의 짐칸으로 안착했다. 갑자기 환호성과 박수소리가 쏟아졌다. 멋진 피날레를 장식한 두 사람을 향한 환호였다. 그러자 두 할아버지는 연극무대에 선 배우들처럼 관중을 향해 두 팔을 높이 치켜들어 답례하고 정중하게 고개를 숙여 인사했다. 관중들로부터 더 큰 박수갈채가 쏟아졌다. 커튼콜이었다. 무대 뒤로 사라진 할아버지 중 한 분이 다시 나와 답례의 인사를 했다.

나도 덩달아 박수를 치다가 돌아서는데, 왠지 아슬아슬한 서커스 공연을 보고 돌아가는 마음이었다. 그럼에도 불구하고 이들의 유머러스한 여유와 느긋함이 몹시 부러웠다.

## 멜라니와 함께한 와이너리투어

도미토리 숙소에서 12명의 여행자들에 섞여 잠을 잔다는 멜라니는 볶음밥 처럼 생긴 도시락을 직접 준비해 가지고 왔다. 함께 식사를 하다가 지수가 이민자들은 전생에 몹쓸 짓을 해서 고국을 떠나 외롭게 사는 거라고, 자신도 그런 사람 중 하나일지 모른다고 하자 멜라니는 이렇게 말했다.

"전생에 못해본 일을 해보라고 새로운 기회를 주는 게 아닐까?"

너무 멋진 대답이었다! 되돌려 긍정할 줄 아는 그녀가 대견했다. 그녀는 일찍이 공부에 소질이 없다는 걸 깨닫고 고등학교에도, 대학교에도 가지 않았다고 당당하게 말했다. 스위스에서 친구와 함께 유기농 농사를 짓고 있다는 멜라니의 손은 28살 여성의 손답지 않게 투박하고 거칠었다. 얼마나 정직한 손인가.

"소중한 손이니 잘 간수하도록 해."

내가 멜라니의 손을 쓰다듬으며 말하자, 그녀는 수줍게 웃었다.

점심을 먹고 우리 셋은 도우로 강까지 걸었다. 강 건너에 있는 와이너리 투어를 하기 위해서였다. 대부분의 와이너리들은 도우로 강 건너편에 있었다. 우리는 동루이스 다리를 건넜다. 동루이스 다리는 프랑스 건축가 귀스타브 에펠의 제자인 테오필 세이리그가 설계를 맡았다고 한다. 상부와 하부로 이

루어진 아치형 철교로, 그 웅장함과 시크함이 에펠탑의 느낌과 비슷했다.

강가에 카페와 레스토랑들이 줄지어 서 있었다. 어디서 이렇게 많은 사람이 왔을까 싶을 정도로 수많은 사람이 카페나 레스토랑에서 차를 마시고 식사를 하고, 유람선을 타고, 강을 따라 걸었다.

우리가 찾은 곳은 샌드맨 와이너리였다. 이곳을 견학하고 두 가지 와인을 시음하는 데 13유로, 시음만 하는 데는 5유로라 했다. 우리는 와인의 생산 과정이 궁금했기에 13유로짜리 투어를 신청했다.

입장하기까지 30여 분의 시간이 남아 도우로 강이 내려다보이는 카페의 야외테이블에 앉아 커피를 마셨다. 간간이 내리던 비가 그치고 하늘이 맑게 갰다. 다소 쌀쌀하긴 했지만, 강을 내려다보며 커피를 마시는 이 시간이 무척 행복했다. 하루 종일 여기 앉아 오가는 사람들을 구경하며 책을 읽거나 일기를 쓰면 좋을 것 같았다.

시간이 되자 검은색 망토를 둘러쓰고 조로 복장을 한 여성 가이드가 우리를 와이너리로 이끌었다. 229년이 되었다는 샌드맨 와이너리는 처음 영국에서 시작되었다가, 이곳 포르투로 옮겨왔다고 한다. 포트와인은 포르투갈 북

부 도우로 강 상류 지역에서 재배된 적포도와 청포도로 만들어지는데, 긴 수송기간 동안 와인이 변질되는 것을 막기 위해 브랜디를 첨가하였으며, 이것이 오늘날의 주정강화 와인인 포트와인이 되었다고 한다. 포트와인은 강하고 단맛이 특징인데, 알코올 함유량이 거의 20도에 달한다.

와이너리 내부로 들어서자 수천의 거대한 오크통에서 시큼하고 달큼한 냄새가 코를 찔렀다. 술 익는 냄새였다. 냄새만 맡고 있어도 취할 것 같았다. 10년 이상 숙성된 와인을 빈티지 와인이라 부르는데, 이곳 저장고에는 1907년산 와인도 있었다. 100년이 넘은 와인들은 먼지와 거미줄로 뒤덮여 있어 과연 먹을 수나 있는 걸까, 의구심이 들었다. 누군가 가격을 묻자 한 병에 시가 400만 원이 넘는다고 했다. 그렇다면 와인 한 잔에 40만 원…!?

투어가 끝나고 다이닝룸에서 레드와인과 화이트와인 한 잔씩을 각각 시음했다. 역시 포트와인은 달고 강했다. 레드보다 화이트와인이 내 입맛엔 맞는 것 같았다. 같은 테이블에 앉았던 대여섯 살쯤 되어 보이는 남자아이는 슬쩍 제 아빠의 잔을 빼앗더니 와인을 홀짝거렸다.

잠시 후 와이너리를 나와 강을 거닐다 포르투대성당으로 가는 계단으로 올라왔다. 그곳에서 최초의 카미노 표시, 노란색 화살표를 발견했다. 우리는 위대한 발견이라도 한 것처럼 호들갑을 떨었다. 멜라니는 대성당 바로 아래쪽에서 여행안내센터를 찾아냈고, 우리는 그곳에 들어가 포르투 지도와 포르투갈길 카미노 지도를 얻었다. 함께 있어 좋은 점은 내가 놓친 것들을 누군가가 찾아준다는 것이다.

숙소로 돌아와 엊그제 사온 와인을 오픈했다. 정어리 캔도 땄다. 빵 위에 올리브와 정어리를 올리자 멋진 안주가 되었다. 지수는 어학원 수업이 끝나는 금요일 오후에 코임브라(Coimbra)로 내려가서 그곳에서 하루를 머물고, 거기서부터 카미노를 시작하겠다고 했다. 코임브라에서 포르투까지는 127km. 나는 토요일에 출발할 예정이니, 그녀가 나를 따라잡는 데 일주일쯤 걸릴 것 같다.

## 상벤투 역이 내려다보이는

숲속에 떨어진 호두

한 알 주워서 반쪽으로 갈랐다

구글맵조차 상상 못한 길이 그 안에 있었다

아, 이 길은 이름도 마음도 없었다

다만 두 심방, 두 귀

반쪽으로 잘린 뇌의 신경선,

다만 그뿐이었다

지도에 있는 지명이

욕망의 표현이

가고 싶다거나 안고 싶다거나 울고 싶다거나, 하는

꿈의 욕망이

영혼을 욕망하는 속삭임이

안쓰러워

*내가 그대 영혼 쪽으로 가는 기차를 그토록 타고 싶어 했던 것만은 울적하다오*

*– 허수경 「호두」 부분*

이곳은 바람이 많이 불고 춥습니다. 경량패딩을 가져오지 않았다면 얼어 죽을 뻔했어요. 현지인보다 여행자들이 많은 곳, 상벤투 역이 내려다보이는 곳에서 매일 아침 눈을 뜹니다. 떠나고 도착하는 사람들을 보며 나는 어디에도 닿지 못하는 사람을 생각합니다.

오늘 아침엔 안개가 짙습니다. 안개 속에서도 사람들은 떠나고 도착합니다. 여행 중에도 어떤 날은 행복하고 어떤 날은 슬픕니다. 어제는 도우로 강 부근에서 파두 공연을 봤습니다. 노래하는 여가수보다 늙은 기타리스트의 굳은살 배긴 손가락을 오래도록 바라보았습니다. 음악에 젖어 좀 더 슬프고 싶었습니다.

어젯밤 산책길에 만난 노숙자는 이 추운 밤을 어찌 지냈을까요. 나는 날마다 구글맵으로 길을 찾아다닙니다. 어쩌면 내가 찾는 것은 호두 속에 난 길인지도 모릅니다.

## 그깟 포르투갈어가 뭐라고

포르투갈어 수업시간. 너무 많은 것들을 한꺼번에 받아들이던 머리는 포화 상태가 되었고, 마침내 폭발했다. 명사 앞에 여성과 남성이 있다는 것도 혼란스러운데, 형용사와 부사도 여성 남성을 맞춰야 한다는 거다. 수업의 전반부까진 그런대로 따라갈 만했다. 그런데 빈도부사를 넣어 서로 질문하고, 그 질문에 대한 대답을 메모하여 문장을 만드는 부분에서는 아무것도 할 수 없었다.

포르투갈어로 된 단어 하나하나도 생소한데, 여기에 형용사와 부사를 넣고 동사를 변형시키고, 그것도 단수와 복수를 구분하라니…. 갑자기 머리가 하얘졌다. 얼굴은 차갑게 굳어져 갔고, 내 차례가 되었을 때 나는 아무 말도 할 수 없었다. 언어도 전혀 통하지 않는 나라 사람들 앞에 알몸으로 던져진 기분이었다.

강의실을 뛰쳐나가는 대신 나는 자리에 앉은 채 울고 말았다. 아무것도 모르겠다며 딸 같은 사람들 앞에서 엉엉 울었다. 울지 않으려 했지만 그럴수록 더 눈물이 났다. 안젤라는 당황한 것 같았으나 이내 표정을 가다듬고는 나를 위로했다. 지수도 처음 스페인어를 배울 때 비슷한 경험을 한 적이 있다며 내 심정을 충분히 이해한다고 했다. 멜라니는 안타까운 표정으로 나를 바

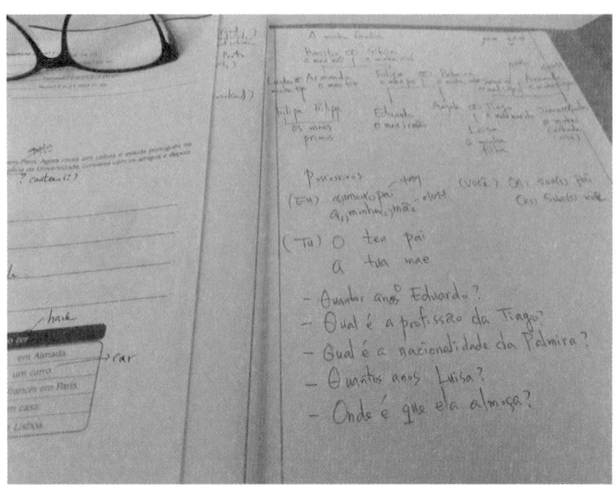

라볼 뿐이었다. 창피했다.

나는 간밤에 세 시간밖에 자지 못했고, 회사에 문제가 생겨 우울했던 터에 수업까지도 엉망이 되어버려서 그런 거라고, 변명 아닌 변명을 하면서 울다 웃다 했다. 어른스럽지 못하고 유치했다. 나의 행동이 못나 보였다. 그깟 포르투갈어가 대체 뭐라고 여기까지 와서 침울해하고 눈물을 보이는지 나 자신도 이해할 수 없었다.

오후에 지수와 함께 코임브라 행 버스표를 예매하고, 우체국에 함께 가기로 했으나 도저히 그럴 맘이 아니었다. 지수에게 혼자 다녀오라 하고는 숙소로 돌아왔다. 무작정 시내를 쏘다녀볼까도 생각했지만, 그런다고 맘이 풀릴 것 같지 않았다. 우울한데도 배는 고팠다. 신라면 한 개를 끓였다. 한국에서 두 개를 가져왔는데, 천천히 먹자며 지수가 아끼던 라면이었다. 평소엔 잘 먹지도 않던 국물까지 한 방울도 남기지 않고 먹었다. 매운 라면을 먹고 나니 기분이 조금 나아지는 것 같았다.

생각할수록 어처구니없는 행동에 웃음이 났다. 즐거운 마음으로 가볍게 시작한 일에 왜 그리도 무거워졌는지 스스로도 당황스러웠다. 내 안에서 낯선 아이 하나가 불쑥 튀어나온 것 같았다. 불안해하고 조바심하는, 아직 자라지 못한 이 아이를 어떻게 잘 달래서 살아보나. 새로운 숙제가 하나 생겼다.

## 이국에서 예순한 번째 생일을

생일 아침이다. 예순한 번째 생일을 혼자 보내려고 떠나왔는데, 결국 혼자가 되지 못했다. 지수가 전날 나 몰래 시내를 뒤져 사온 호박케이크와 호두케이크, 에그타르트에 초 대신 성냥을 켰다. 소원을 빌기도 전에 성냥이 꺼져 두 번째 성냥을 다시 켜야 했다. 삶이란 멀리서 보면 성냥 하나 켜졌다 꺼지는 속도만큼이나 순간일 텐데, 내가 60살이 되리라고 생각이나 했을까. 나는 나이를 먹지 않을 줄 알았다. 늙지 않을 줄 알았다. 하지만 원했든 원치

앉았든 나는 지금 여기에 와 있다. 아침 시간이었지만, 와인 한 잔을 마셨다.

"오늘 수업 빠지고 이렇게 얘기나 실컷 나눴음 좋겠어요."

지수와는 시작했다 하면 이야기가 끊이질 않는다. 며칠 전 지수가 잠에서 깼을 때, 나는 허수경의 시 「포도나무를 태우며」를 읽어주었다. 그리고 시인에 대해 이야기해주었다. 고국을 떠나 수십 년을 독일에서 살다 병을 얻어 쓸쓸하게 떠난 시인. 그녀를 보면서 나는 지수를 떠올리곤 했다. 혼자 가는 생이라 하지만, 머나먼 타국에서 가족이나 친구 하나 없이 혼자 산다는 건 정말 외로운 일일 것 같다. 지수도 처음엔 많이 울었다고 한다. 이제는 스스로를 돌보는 법을 터득하여 씩씩하게 살고 있지만, 단단해지기 위해 얼마나 많은 가시밭길을 헤쳐나가야 했을까. 저 혼자 살기에도 벅찰 텐데 그녀는 한국에 있는 가족에게 어려운 일이 생길 때마다 손 내밀어 돕고 있었다. 저 힘든 걸 내색하지 않는 그 깊은 속내를 가족들은 알까.

어학원에 가자마자 안젤라에게 오늘부로 수업을 끝내고 싶다고 말했다. 이번 수업은 나에게 너무 벅찬 것이었다. 행복해지고 싶어 왔는데, 내가 행복하지 않으면 공부가 무슨 소용인가. 하지만 포르투갈어 수업 덕분에 포르투갈과 포르투라는 도시에 대해 많은 것을 알게 되었다. 그들의 역사, 문화, 음식, 생활 수준 등에 대해 안젤라는 현실적인 이야기를 솔직하게 말해주었다. 여행자의 눈에는 아름답고 평화로워 보이지만, 이 도시에 사는 사람들도 생계를 위해 발버둥 치고 있다는 것과 7살짜리 딸을 키우고 있는 안젤라 역시 육아에 있어서만큼은 부모님의 도움을 받지 않으면 안 되는 현실, 관광객에 의지해 생계의 많은 부분을 해결하고는 있지만, 매일같이 몰려드는 관광객들에 치여 비좁은 도시에서 산다는 게 쉬운 일이 아니라는 것도 알게 되었

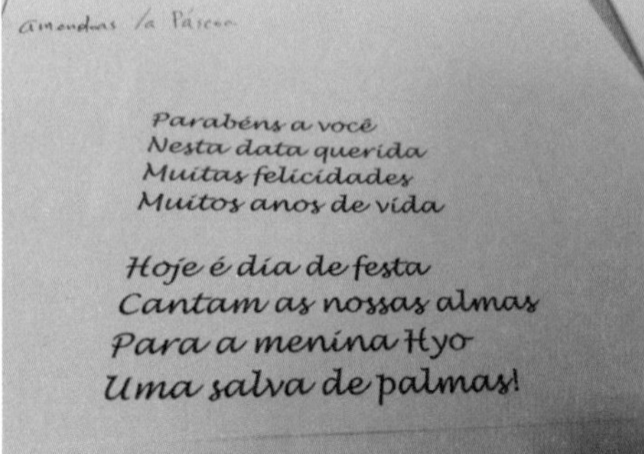


다. 눈에 보이는 것이 다가 아니라는 것을 알게 된 것이 포르투갈어 수업의 가장 큰 소득이었다.

전날의 소동을 고려하여 안젤라는 오늘 하루 나를 위한 시간으로 준비한 것 같았다. 포르투갈어로 된 생일 축하 노래 가사를 모두에게 나눠주고, 함께 부르도록 했다. 이국에서 지수가 차려준 생일케이크와 낯선 이들과 함께 포르투갈어 생일 축하 노래로 이날을 맞이하리라고 생각이나 했을까. 생의 두 번째 갑을 맞이하게 된 날. 이런 특별함이 나쁘지 않았다.

## 파두, 바다 사람들의 슬픈 영혼이 깃든 노래

안젤라는 포르투갈의 민속음악인 파두(Fado)에 대해 얘기해주고 음악을 들려주었다. 모잠비크 출신의 가수 마리자(Mariza)의 영상을 보여줬을 땐, 팔에 소름이 돋을 정도였다. 그녀는 정말 호소력 있는 목소리를 가지고 있었다. 그리고 내가 좋아하는 포르투갈의 국민가수 아말리아 로드리게즈(Amalia Rodrigues)에 대한 이야기도 들려주었다.

리스본의 빈민가에서 태어난 그녀는 어릴 적에 너무 가난해서 사과를 팔러 다녀야 했는데, 사람들은 어린 소녀의 노래를 듣고 싶어 사과를 사줬다고 한다. 그러다 어린 나이에 파두하우스에 들어가 제대로 된 음악을 공부하게 된다. 그녀는 항구 뒷골목에 사는 서민들의 삶과 애환을 그대로 노래로 옮겼다. 그녀가 부르는 노래는 곧 자신들의 이야기였고 삶이었기 때문에, 사람들은 그녀의 노래를 사랑하지 않을 수가 없었다. 그녀는 할리우드에서 러브콜을 받고 영화도 찍었으나, 조국인 포르투갈을 떠나지 않았다. 두 번의 결혼을 했고, 결혼생활은 그다지 행복하지 않았으나 온 국민으로부터 넘치는 사랑을 받았다.

로드리게즈가 20대였을 때의 노래와 50대였을 때의 노래를 들었다. 젊은 시절의 청량한 목소리도 좋았지만, 나에겐 50대의 목소리가 더 그윽했고 깊

은 울림으로 다가왔다. 1999년 그녀가 세상을 떠났을 때, 포르투갈 국민은 사흘 동안 국장을 치르며 '포르투갈의 목소리'를 잃은 슬픔에 잠겼다고 한다.

파두는 Destiny, 즉 숙명을 뜻한다. 슬픔, 애잔함, 숙명, 그리고 바다 사람들의 애틋한 향수로 대표되는 포르투갈의 정서 '사우다드(Saudade)'가 깃들인 노래가 바로 파두이다. 우리 식으로 하자면 한이 깃들인 판소리와도 같다고나 할까. 거칠고 험난한 삶에서 운명에 맞서지 않고 순응하고자 하는 정서가 우리와 비슷하다는 점에서, 그들에게 한 발 다가서는 느낌이 들었다.

안젤라는 마지막 한 시간을 남겨두고 함께 시내 산책을 다녀오자 했다. 그녀는 포르투 시내 곳곳을 함께 걸으며 안내해주었다. 우리는 도우로 강이 내려다보이는 곳까지 갔다가, 돌아오는 길에 포르투갈 전통음식점에 갔다. 내가 그들 모두를 식사에 초대한 터였다. 육식을 하지 않는 나는 야채크림스프와 뽈뽀(문어)를 시켰고, 다른 사람들은 포르투갈의 전통음식인 프란세지냐(Francesinha)를 각각 3/4씩 시켰다. 1인분의 양이 너무 많아서였다. 프란세지냐는 스테이크와 햄, 소시지를 샌드위치 빵에 넣고, 겉에 치즈를 입혀 만든 칼로리 폭탄 음식이라고 한다. 여기에 감자튀김을 얹어 먹는 것으로, 무척 맛있어 보였지만, 음식이 느끼해서 지수는 소화시키는 데 한참이 걸렸다.

## 카미노에 앞서 워밍업을

가벼운 옷으로 갈아입고 나오니, 멜라니가 숙소 앞에서 기다리고 있었다. 멜라니와 지수와 나는 오후에 포르투대성당에서 시작하여 마토지뉴스까지 12km에 달하는 포르투 해안길을 걸을 예정이었다. 순례자여권은 며칠 전 포르투대성당에서 2유로에 구입해두었다. 시내를 빠져나가는 길이 복잡해서 오늘 미리 걷고, 토요일엔 버스나 지하철을 타고 마토지뉴스까지 가서 거기서부터 순례길을 시작할 생각이었다.

포르투에 온 이후로 가장 화창하고 따뜻한 날이었다. 도우로 강을 따라 걷는데, 또 다른 느낌의 포르투가 그곳에 있었다. 우선 복잡한 시내를 벗어나 한적한 길을 걸을 수 있어 상쾌했다. 발에 날개가 달린 사람처럼 걸었다. 낡은 18번 트램이 강을 따라 천천히 달리는 풍경을 보며 걷는 것도 좋았다. 걷다가 뒤를 돌아보면, 포르투의 아름다운 강마을이 멀어지고 있었다.

풍부한 해산물 덕분일까. 이곳 포르투의 갈매기들은 엄청나게 크다. 마치 토종닭처럼 튼튼하고 어찌나 당당한지 오히려 사람이 갈매기를 피해 다닐 정도였다. 6.3km를 걸어 강과 바다가 만나는 파세오 마리티모 포즈(Paceo Maritimo Foz)까지 왔다. 대서양이었다. 집채만 한 파도가 방파제를 부서져라 때렸다. 한 남자가 등대 앞에 서서 파도를 바라보며 서 있었다. 금방이라도

파도에 휩쓸려 갈 것처럼 위태로워 보였다.

앞으로 열흘에서 2주 동안 나는 이 바다를 보며 걸을 예정이다. 가슴이 두근거리기 시작했다. 나는 바다를 따라 마토지뉴스까지 계속 걷고 싶었으나, 멜라니가 피곤해 보였다. 지수도 이제 그만 돌아가자고 했다.

우리는 Passeio Algre Garden 안에 있는 카페에서 오렌지주스와 커피를 마셨다. 멜라니가 음료값을 냈다. 내가 대접한 점심에 대한 답례인 것 같았다. 트램 요금이 비싸면 버스로 돌아가겠다고 할 정도로 돈을 아끼는 멜라니로서는 큰돈일 터였다. 우리는 3.5유로를 내고 시내로 돌아가는 트램을 탔다. 한 량짜리 트램 내부는 밖에서 보는 것만큼 예쁘진 않았다.

트램이 지나는 선로에 누군가 자동차를 주차해놓아, 차를 뺄 때까지 트램은 멈춰 서서 기다려야 했다. 우리 같았으면 개념 없는 운전자라고 비난했을

테지만, 운전자나 승객 누구 하나 불평하는 사람이 없었다. 트램은 아슬아슬하게 주차를 해놓은 차량들과 카페 야외테이블에 앉아 와인과 맥주, 커피를 마시는 사람들 사이를 천천히 지나갔다. 코끝을 스칠 듯 지나가는 트램에도 그들은 눈 하나 깜짝하지 않았다.

## 포르투에서의 마지막 밤

코임브라로 가는 버스터미널에서 지수를 배웅하고 숙소로 혼자 돌아왔는데, 크지도 않은 방이 유난히 휑해 보였다. 사람이 빠져나간 자리에 큰 구멍 하나가 생긴 것 같았다. 내일부터 시작될 카미노 일정을 다시 짜고, 남은 와인을 홀짝거리다 어둑해지는 저녁 속으로 걸어 나갔다.

동루이스 다리에 서서 도우로 강으로 지는 해를 바라보았다. 자연이 배경이 되는 자리는 겸허하다. 가족이나 연인, 친구로 보이는 사람들이 다리 위에서 석양을 배경으로 사진을 찍고 있었다. 낯선 이국어들 사이에서 내가 혼자라는 게 실감 났다. 곁에 소통할 사람 하나 없다는 것이 이토록 쓸쓸한 일이었을까.

가족과 떨어져 홀로 지방에서 근무하던 어느 시인의 이야기가 떠올랐다. 저녁이면 혼자서 술을 마시는 일이 그의 일과였다. 어느 날 그에게 술친구가 생겼다. 공장에서 몇 번인가 본 고려인이었다. 그를 숙소로 데려와 술상을 차렸다. 고려인은 러시아 말을 하고, 그는 한국말을 했다. 그들 사이에 빈 소주병만 늘어

갔다. 그때 그들이 느꼈던 외로움을 조금은 알 것 같았다.

다리 위에 서 있는 동안 메트로가 세 번 지나갔다. 해가 완전히 기울고 어두워지자, 강 아래 건물들에 하나 둘 불이 켜지기 시작했다. 불빛을 받아 강물이 반짝였다. 밤의 포르투는 더욱 아름다웠다. 떠나려니 더 살갑고 다정하게 구는 못된 애인처럼.

안개 낀 상벤투 역과 제로니모카페의 커피와 빵, 도우로 강을 산책하는 사람들, 포트와인과 포르투갈 수업시간, 안젤라와 멜라니, 그리고 파두…. 아마도 나의 포르투는 이런 것들로 각인될 것 같다.

# Chapter 2

# 산티아고 순례길, 포르투갈 해안길을 걷다

## 1일차

Foz do Douro-Labruge | 18.4km | Albergue de peregrinos São Tiago de Labruge(donation)

## 파도소리 들으며 바다를 끼고 걷는 길

오전 7시 10분. 짐 정리를 하고 숙소 바로 앞에 있는 버스정류장(상벤투 역 건너편)에서 500번 버스를 탔다. 지수는 포르투에서 127km 떨어진 코임브라에서부터 순례길을 시작하겠다며 버스로 떠난 후여서 나 혼자였다. 그것은 혼자 걷고 싶어 하는 나에 대한 그녀의 속 깊은 배려이기도 했다.

나는 오늘부터 2주 정도 포르투갈 해안길을 걸어 산티아고 순례길을 완주할 예정이다. 포르투갈에는 더 오래된 내륙길이 있는데, 높은 산길을 걷거나 차들이 쌩쌩 달리는 도로를 걷는 일이 나에겐 무리일 듯싶어 선택한 길이었다. 파도소리를 들으며 바닷길을 걷는다는 생각만으로도 심장이 쿵쾅거렸다.

이층버스여서 2층으로 올라가 맨 앞자리에 앉았다. 오래전 런던에서 지낼 때도 빨간색 이층버스를 타면 앞자리에 앉곤 했다. 이층버스의 앞자리에 앉아 달리면 시내를 조망할 수도 있고, 내가 운전사가 된 기분이 들었다. 버스는 도우로 강을 따라 달렸다. 며칠 전 지수와 멜라니와 함께 6km에 달하는 해안길의 도입부를 다녀온 터여서, 낯익은 풍경들이 친근하게 느껴졌다.

버스는 나를 포즈 도 도우로(Foz do Douro)에 내려놓았다. 이틀 전 걸음을 멈추었던 곳이다. 강이 끝나고 바다가 시작되는 곳. 대서양의 초입에서 나는

배낭을 멘 채 신발 끈을 단디 묶었다. 이른 아침이라서인지 순례자로 보이는 사람은 없었다. 왼쪽으로 바다를 끼고 걷는 일은 편안했다. 길을 잃을 염려 없이 이대로 곧장 바다를 따라 걸으면 산티아고에 닿을 수 있다는 마음이 들어서일까. 느긋한 마음으로 느리게 걸었다. 배낭이 익숙지 않아 몇 번이나 쉬어야 했다. 복숭아와 사과, 초콜릿을 중간중간 꺼내 베어 물었다. 적당히 흐려 걷기에 좋았다.

마토지뉴스에 다 와 갈 무렵이 되어서야 배낭에 가리비를 매달고 걷는 순례자들이 보이기 시작했다. 포르투에서 시작하는 순례자 중 많은 사람이 이곳에서부터 카미노를 시작한다고 했다. 다리를 건널 때였다. 한 남자 순례자가 갈래 길에 멈춰 서서 고개를 갸웃거리며 지도를 보고 있었다. 나는 그가 놓친 카미노 화살표를 가리키며 이쪽으로 가면 된다고 말해주었다. 오스트리아에서 온 피터라고 했다. 리스본에서 출발했다는 그에게 묻고 싶은 게 많았는데, 영어를 거의 알아듣지 못했다. 우린 곧 헤어졌다. 뒤따라오던 20대 초반으로 보이는 안드레아와 인사를 나눴다. 독일에서 왔다는 그녀는 포르투에서 출발했고, 이번이 첫 번째 카미노라고 했다. 우리는 바다를 배경으로 서로의 사진을 찍어주었다.

차가운 날씨에도 불구하고 바다에서 사람들이 서핑을 하고 있었다. 산책하거나 조깅하는 현지인들도 많았다. 이곳 포르투갈 해안길은 나무데크가 잘 되어 있어서 모래 속을 걸을 일도 없고 걷기에 편했다. 하지만 스틱이 자꾸만 데크 틈에 끼여 걸리적거렸다. 아예 접어서 배낭에 매달아버렸다. 무릎 보호대를 착용했으나 자꾸만 흘러내려 이것도 벗어버렸다. 8kg밖에 안 되는 배낭을 짊어지고도 걷는 일이 수월치 않았다. 어깨가 저려왔고, 배낭의 무게를 버텨주는 골반뼈가 아프기 시작했다. 배낭을 내려놓고 자주 쉬어야 했다. 첫날이니 그럴 만도 하다. 뒤에서 걷던 순례자들이 나를 지나쳐갔다. 아무래도 좋다. 난 내 속도대로 걸을 테니까.

마토지뉴스에서 바다를 바라보며 앉아 있는 엄마와 아들의 모습이 인상적이어서 카메라에 담았는데, 길에서 다시 마주쳤다. 독일에서 온 다이앤과 줄리앙이라고 했다. 다이앤은 자신의 영어가 서툴다며 처음부터 양해를 구했다. 사람들을 만나면 먼저 이렇게 얘기하는 것도 괜찮겠다는 생각이 들었다.

## 우리는 얼마나 많은 생을 살다 가는 걸까

입덧이 어느 정도 가라앉은 딸아이는 배가 이렇게나 나왔다며 때때로 내 손을 끌어다 제 배에 얹었다. 밥을 먹을 때마다 아이가 움직인다며 신기해했다. 새로 태어날 아기 덕분에 딸아이는 엄마로, 나는 할머니로 새롭게 태어나게 되었으니, 한 생을 사는 동안에도 우리는 얼마나 많은 생을 살다 가는 걸까.

'너무 튀지 않고 흔하지 않으면서 부드럽고 여리면서 촌스럽지 않고 예쁜 이름.' 딸이 요구한 아기의 작명법이었다. 강율. 포르투에서부터 떠오른 이 이름이 왠지 정감이 간다. 마음의 계율을 따라 사는 사람이 되었으면 하는 바람이 들어 있다. 또는 운율, 할 때 율이어도 좋겠다. 삶을 너무 딱딱하게 받아들이지 않고 리듬감 있게 사는 것도 좋을 것 같다. 며칠 전 멜라니에게도 발음해보라 했더니 강.율. 완벽하게 발음을 구사했다.

만일 나에게 다른 이름이 생긴다면 다른 삶을 살게 될까. 생이 다하기 전 부모님이 주신 이름 말고 내가 원하는 이름으로 살아보는 것도 괜찮겠다는 생각이 들었다.

## 비는 내리고 개들은 컹컹거리는데

오늘의 목적지인 라브루즈에 다 와 갈 무렵 비가 내리기 시작했다. 우비를 꺼내 입고 구글맵에 표시된 대로 해안길에서 벗어나 마을 안쪽으로 향했다. 공립알베르게가 표시된 곳이었다. 앞서 만난 독일 모자가 내 앞에서 걷고 있었다. 그들도 나와 같은 알베르게로 갈 거라고 생각했는데 웬걸, 별 3개짜리 호텔로 들어가는 게 아닌가. 나도 따라 들어가고 싶은 마음이 굴뚝같았다.

어느 집에서 불독 두 마리가 나를 향해 사납게 짖어댔다. 개들이 금방이라도 집 밖으로 달려 나와 나를 공격할 것 같았다. 주변엔 도와줄 사람 하나 보이지 않았다. 스틱을 쥔 손에 힘을 불끈 주고 걸었다. 빗줄기가 굵어졌다. 우비 모자를 썼음에도 안경 위로 흐르는 비가 시야를 흐리게 했다.

앞서 달리던 차 한 대가 갑자기 유턴을 하더니, 내 앞에 멈춰 섰다.

"Do you speak English?"

한 남자가 차창을 내리더니 말했다. 바짝 긴장했다. 낯선 사람 앞에서 경계심이 드는 건 당연한 일일 터였다.

"난 엔지니어이고 점심시간이라 식사를 하러 가는 중인데, 네가 길을 잘못 들어선 것 같아 멈췄어."

나는 조금 망설이다가 내가 가야 할 알베르게를 구글맵으로 보여주었다.

"이 길은 너무 좁고 복잡한 길이니 해안길을 따라가다 들어가는 게 좋아. 원한다면 내 차로 데려다줄 수도 있어."

두 번째 경계심이 올라오고 있었다. 나는 고맙지만 스스로 찾아가겠다고 말했고, 그는 "부엔 카미노!"를 외치며 떠나갔다.

## 다국적 순례자들이 한 방에 모여

왔던 길을 되돌아가다가 그의 말이 틀리지 않았음을 깨달았다. 500미터가 5킬로미터로 느껴지는 빗길을 걸어 간신히 알베르게에 도착했다. 홀딱 젖은 채로 알베르게의 문을 열고 들어섰다. '스페인하숙'에서처럼 운동장 같은 넓은 공터가 있었고, 한참을 걸어 들어가야 했다. 호스피탈레로(알베르게 주인)는 보이지 않았다. 한 여자가 방명록에 이름과 나라를 쓰고 스탬프를 찍으라고 친절하게 안내해주었다. 독일에서 온 자나라는 이름의 순례자였다.

안드레아도 먼저 와 있었다. 오는 길에 서로 사진을 찍어주느라 멈춰선 독일 소녀였다. 침대 8개가 놓여 있는 1층 방이었다. 안드레아의 옆 침대에 자리를 잡았다. 잠시 후 미국인 커플이 들어왔다. 캘리포니아에서 왔다고 했다. 서로 인사를 나누는데, 남자의 팔에 온통 벌레에 물린 자국이 보였다. 혹시 베드벅? 왠지 불안했다. 따뜻한 물로 샤워를 하고 비에 젖은 옷들을 빨고 싶었으나 세탁기가 없는 것 같아, 건조대에 젖은 옷들을 널었다. 뜨거운 물에 English Breakfast Tea를 마시자 비로소 몸이 풀리는 것 같았다. 점심을 먹지 못한 터라 무엇이든 먹어야 했다. 때마침 호스피탈레로가 왔다. 무척 친절한 여성이었다. 어제는 40명의 순례자가 이곳에서 묵었다며, 그중에 한국인 부부도 있었다고 얘기해줬다. 그녀는 근처의 슈퍼마켓과 식사를 할 수 있

는 카페를 알려주었다.

슈퍼마켓에 먼저 들렀는데, 할머니가 우비를 뒤집어쓰고 온 나를 보며 말했다.

"Chuva?"

내가 말을 못 알아듣자 내 손을 잡고 밖으로 나와 비를 가리켰다. 아, 비가 온다는 거였구나. 나흘을 배웠는데도 그 말을 못 알아듣다니….

사과와 천도복숭아와 바나나를 사서 골목 모퉁이를 돌자 핑크색 카페가 보였다. 캘리포니아 커플도 그곳에 있었다. 나는 따뜻한 바깔라우(대구) 찜 요리를 먹고 싶었으나 지금은 안 된다고 했다. 할 수 없이 대구크로켓과 포트와인 한 병을 시켰다. 음식이 준비되는 동안 와인을 마시며 일기를 썼다.

점심 겸 저녁을 먹고 알베르게로 돌아오니 주방에서 이야기꽃이 한창이었다. 독일에서 온 자나와 안드레아, 키 크고 잘생긴 독일 남자, 미국인 커플, 스페인에서 왔다는 파블로, 캐나다에서 온 알지스, 그리고 나. 다국적 순례자들이 한 데 모였다. 각자 가져온 술과 음식을 펼쳐놓았다. 나는 카페에서 이미 식사를 하고 온 터라 차 한 잔만 마셨다. 우리는 모두 포르투에서 출발했다는 공통점이 있었다. 내가 포르투의 에어비앤비에서 2층을 3층으로 잘못 알고 들어가 하룻밤을 보낸 이야기를 하자 폭소가 터졌다. 여행은 문화적 간격을 좁히는 일인 것 같다.

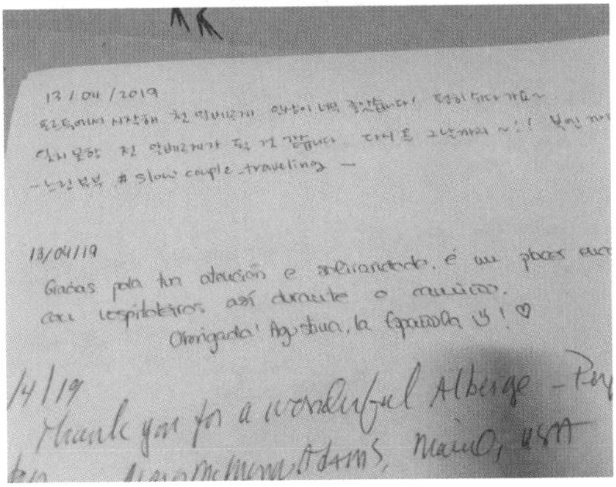

13 / 04 / 2019

# slow couple traveling —

13/04/19

Thank you for a wonderful Alberge

## 2일차

Labruge-Povoa de Vazim | 14km | Junqueira76 Guesthouse

## 네가 그걸 어떻게 아는데?

일찍 일어나 젖은 옷들을 개키고 짐을 꾸리고 신발을 신었다. 자고 있는 사람들이 깨지 않도록 조용히 방을 빠져나와 주방으로 나왔다. 바나나로 간단히 요기를 하고 있는데, 어젯밤 함께 이야기를 나눈 알지스가 옆에 앉아도 되겠냐고 물었다. 그가 먹는 시리얼을 보며 내가 말했다.

"꼭 한국의 누룽지처럼 생겼네."

"그래? 아침을 거의 먹지 않는데, 때가 때이니만큼 조금이라도 먹어두려 해."

그는 유럽의 리투아니아라는 작은 나라에서 태어나 캐나다로 와서 살고 있다고 했다. 여행에세이 『예쁜 것은 다 너를 닮았다』(김지영)에서 리투아니아에 대해 읽은 적이 있다. 그곳엔 우주피스공화국이라는 가상의 공화국이 있는데, '모든 사람은 행복할 권리를 가진다'라는 헌법 아래 유토피아를 꿈꾸는 예술가들이 만든 마을이라 했다. 모든 사람이 행복할 수 있는 세상은 가상의 세계에서나 가능한 일일까. 그곳에는 '모든 사람은 실패할 권리를 가진다'라는 헌법 조항도 있다고 했다. 이 얼마나 마음에 드는 법인지. 하지만 그곳은 만우절에만 존재하는 나라라고 알려져 있다. 두 나라의-어쩌면 세 나라의-국적을 가지고 있는 알지스는 불교에 관심이 많아 불교서적과 명상

서적을 자주 읽는다고 했다. 나도 불교신자라고 했더니 무척이나 반가워했다. 우리는 서로를 소개했다.

"난 작가이고 출판사를 운영하고 있어. 때로 시도 쓰는데, 그렇게 잘 쓰진 않아."

그러자 그가 내 눈을 똑바로 보며 물었다.

"그걸 어떻게 아는데?"

"……?"

"시는 주관적인 건데, 잘 쓰고 못 쓰고를 어떻게 네가 판단할 수 있는 거지?"

그에게 한 방 크게 맞은 것 같았다.

전날 밤 남한과 북한은 서로 자유롭게 오갈 수 있는 사이냐고 물은 사람도 그였다. 호기심이 많고, 겸손한 사람 같아 보였다. 캐나다에 한번 놀러 오라며, 자신의 이메일 주소를 적어 주었다. 하루쯤 그와 함께 걸어도 좋겠다고 생각했으나, 그가 잠깐 자리를 비운 사이에 나는 작별인사도 없이 먼저 출발했다.

도중에 몇 번인가 뒤돌아봤으나, 그는 보이지 않았다. 내가 아침식사를 하기 위해 카페에 들른 사이에 지나쳐갔을 수도 있다. 조금 아쉬운 마음이 들었지만, 인연이 있으면 다시 만나겠지 생각했다.

이 길에선 나만큼 천천히 걷는 사람도 없을 것이다. 오늘 저녁엔 포보아 데 바르싱(Povoa de Vazim)의 게스트하우스에 방을 예약했고, 거기까진 14km 밖에 되지 않는다. 오늘은 정말 천천히, 달팽이처럼 천천히 걸으리라. 그 누구도 나를 따라올 수 없게 하는 방법 중 하나는 내가 그들보다 뒤처져서 걷는 것이다.

## 벤야민의 달팽이

홀로 걷고 있을 때였다. 내 뒤에서 꼬마아이가 작은 백팩을 메고 깡총깡총 뛰어왔다. 아이를 불러 세워 어디서 왔냐고 물었다. 독일에서 온 9살짜리 벤야민이라고 했다. 그러고 보니 새벽에 알베르게 주방에서 일기를 쓰고 있을 때, 화장실을 가느라 제 엄마와 함께 2층에서 눈을 비비며 내려오던 아이였다.

아이는 부끄러워했지만, 내가 말을 걸어주는 게 싫지 않은 듯했다. 잠시 후 벤야민의 엄마 아빠가 왔고, 아이는 부모를 따라 앞서 걸었다. 조금 있다가 아이가 가던 길을 멈춰서더니 나무데크를 내려다보고 있었다. 내가 다가가니 손가락으로 데크바닥을 가리켰다. 달팽이였다. 아이는 달팽이가 있으니 조심하라며 내가 오기를 기다렸던 것이다.

"자, 이렇게 하자."

나는 엄지와 검지로 달팽이를 집어 올려 데크 밖으로 내보냈다. 아이는 그제야 안심한 듯 내게 눈인사를 하고는 뛰어갔다.

## 텅 빈 거미줄

걷다가 나무 펜스에 매달린 거미줄을 발견했다. 거미는 어디로 가고 날벌레도 보이지 않는 거미줄엔 이슬방울만 망에 걸려 흔들리고 있었다. 집을 지어놓고 거미는 어디로 간 걸까. 촘촘한 그물망에 바람만 빠져나가는 집. 그래서 더 늘어지고 허물어지는 집. 혹시 먹을 게 없어 저를 파먹은 건 아닐까. 쏜살같이 지나가는 시간 속에서 바닥까지 모두 내보이고 텅텅 비어버린 나. 어떻게 할 거냐고, 비워냈으니 다시 채워야 하는 거 아니냐고. 궁금한 건 거미의 안부가 아니라 나의 안부였는지도 모른다.

## 생의 가장 중요한 순간

딸아이가 사회 초년생이었던 어느 날, 남자친구와 제주여행을 간다며 부산을 떨었다. 엄마가 네 나이였을 땐… 따위로 걱정하는 고리타분한 엄마가 되기 싫어 꾹 누르고 있었지만, 정서적으로까지 이해하는 쿨한 엄마는 못 되는나. 기어이 딸의 방에 들어가 한마디 하고 말았다.

"젊은 놈들이 올레길이라도 걸어야지 렌트카는 무슨…."

"소박한 곳에서 잘 일이지 웬 호텔이야…."

딱 거기까지만이었다. 딸에게도, 나에게도 지금은 영원히 지나가버리고 다시는 돌아오지 못할 순간이라는 것을 알기에.

누군가가 말려서 하지 못했던 일 때문에 얼마나 후회했던가. 누군가가 등 떠밀어 한 일에 대한 원망은 또 어떠했던가. 생의 가장 중요한 순간을 지나고 있는 나는 지금 여기에서 무엇을 하고, 무슨 생각을 하는가.

검은 보자기를 덮어도 빛을 향해 고개를 쳐드는 콩나물처럼 딸도, 나도 빛을 향해 걷는 사람이었으면 했다. 오늘처럼 해가 보이지 않는 날에는 내 안의 해를 끄집어내서라도…. 살고 싶어. 살고 싶어. 신발 속에서 발가락들이 꿈틀거렸다.

## 순례길이 아름다운 것은

오늘의 목적지인 포보아 데 바르징에 왔다. 게스트하우스에 1인실을 예약해둔 터라 그곳을 찾아 초인종을 눌렀다. 체크인 시간이 되지 않아서인지 문은 열리지 않았다. 그때 동네 할아버지로 보이는 두 분이 내게 말을 걸어왔다. 불과 며칠이지만 포르투갈어를 배운다고 배웠는데, 한마디도 알아들을 수가 없었다. 그들은 내게 길을 가르쳐주려는 것 같았다. 내가 알아듣지 못하자, 갖고 있던 공책에 약도를 그리기 시작했다. 여전히 고개를 갸웃거리자 나에게 따라오라고 손짓을 했다.

어차피 체크인까지는 시간이 남아 있었고, 나는 특별히 할 일도 없었다. 이분들이 무슨 말을 하는지 가보면 알겠지 하고는 따라갔다. 교회에서 사람들이 쏟아져 나왔다. 그들은 손에 올리브 나무처럼 생긴 나뭇가지들을 들고 있었다. 성축일 행사가 있었던 것 같았다. 할아버지들은 그들 중 몇몇과 반갑게 인사를 하고 악수를 나누기도 했다.

큰길을 건너 꽤 먼 길을 걸었다. 고단하기도 했고 시장하기도 해서 슬슬 짜증이 날 무렵, 그들은 어느 건물 앞에 멈춰 섰다. 공립알베르게였다. 아, 여길 알려주려고 그렇게 애를 썼던 거였구나. 어제 같은 방에 머물렀던 자나가 어서 오라며 반겨주었다. 하지만 난 이미 다른 곳에 예약을 한 터였다. 나를 여기까지 데려온 호의가 고마워 할아버지들께 "오브리가다!" 인사를 하고는 그 자리를 떴다.

다시 숙소로 왔는데 문은 여전히 닫혀 있었다. 그때 정장 차림의 한 신사가 지나가다가 영어로 물었다.

"도와줄까?"

"이 게스트하우스에 예약을 했는데 아직 오픈시간이 안 되어 기다려야 할 것 같아. 근처에 식사를 할 만한 식당이 있을까?"

그는 친절하게도 나를 근처에 있는 레스토랑까지 데려다주었다.

맥주 한 병과 바깔라우 찜을 주문했다. 2층 식당은 거의 현지인만 오는 곳 같았다. 내 테이블 앞으로 중년의 부부가 마주앉아 말없이 식사를 하고 있었고(한국의 중년부부와 크게 다르지 않은 모습이었다), 그들 옆에서 젊은 커플이 다정하게 식사를 하고 있었다. 내가 바깔라우 찜을 폭풍 흡입하고 있을 때, 젊은 커플이 식사를 끝내고 나가다가 내 앞으로 오더니 큰소리로 외쳤다.

"부엔 카미노!"

순간 눈물이 쏟아질 뻔했다. 땀과 먼지로 얼룩진 커다란 배낭을 내려놓은, 누가 봐도 꼬질꼬질한 순례자인 나에게 그들이 건네는 따뜻한 한마디는 내가 먹었던 어떤 음식보다 따뜻하고 맛있는 양식이었다. 산티아고 순례길이 아름다운 것은 아름다운 바다와 숲이 있어서만이 아니다. 이렇게 순수하고

착한 사람들을 만날 수 있어서, 내가 지쳐 있거나 길을 잃고 헤맬 때 화살표 같은 이들이 나에게 힘을 주고 나를 원래의 자리로 되돌려주기 때문이다.

## 마을축제에서 크레페를

20유로에 싱글룸을 예약했는데, 게스트하우스는 나에게 더블베드와 이층 침대가 있는 큰 방을 주었다. 횡재다! 오늘 밤엔 너른 침대에서 굴러다니며 자도 되겠다. 샤워와 빨래를 마치고 마을 구경을 나갔다. 숙소가 있는 곳이 우리의 명동쯤 되는 것 같았다. 의류와 가방, 신발 가게들이 줄지어 서 있었다. 환히 불 밝혀진 서점을 발견하고는 반가운 마음에 들어섰다. 깨끗하고 조용한 서점이었다. 구석에는 앉아서 책을 읽을 수 있는 소파도 있었다. 관광객들로 붐비는 포르투의 렐루서점보다 훨씬 작지만, 아늑하고 밝은 분위기가 마음에 들었다. 책방 소파에 앉아 읽을 수 없는 책들을 오래도록 읽고 싶었다.

바다 쪽으로 갈까 하다가 슈퍼마켓을 찾기 위해 동네를 한 바퀴 돌아보기로 했다. 동네 끄트머리쯤에서 음악소리와 왁자지껄한 소리가 들렸다. 소리 나는 곳을 향해 발걸음을 옮겼다. 마을축제가 열리고 있었다. 하마터면 축제 구경도 못하고 이 마을을 떠날 뻔했다. 동네 사람들이 모두 나온 듯 광장은 사람들로 붐볐다. 요리사 복장을 한 남자가 서너 개의 곤봉을 공중으로 높이 던졌다 받는 묘기를 보여주고 있었다. 아이들은 초콜릿을 얹은 크레페나 와플을 먹었고, 어른들은 맥주와 와인, 커피를 마시며 즐기고 있었다. 나도 덩

ER TR AN

Crepes
Festa

달아 마음이 들떠 구석구석을 둘러보았다.

꽃으로 화려하게 장식된 무대 위에서 젊은이들이 노래를 부르고 고등학생 쯤 되어 보이는 여학생이 바이올린을 연주했다. 그리 훌륭한 연주는 아니었으나 청중들은 열렬한 환호와 박수를 보냈다. 한국인은커녕 동양인은 나밖에 없는 것 같았다. 낯모르는 사람들 사이에 섞여 홀로 축제를 즐기는 맛도 나쁘진 않았다.

혼자 어슬렁거리다가 크레페 가게에서 크레페 하나를 시켜 설탕과 시나몬을 뿌려달라고 했다. 슈퍼마켓에서 맥주 한 캔을 사서 바닷가에서 먹을 참이었다. 바닷가 쪽으로 걸어갔는데, 안개가 자욱해 바다는 보이지 않았고, 사람들도 거의 눈에 띄지 않았다. 무엇보다도 몹시 추웠다.

숙소로 돌아와 넷플릭스로 다운받은 영화 「티벳에서의 7년」을 보면서 크레페와 맥주를 먹고 마셨다. 오래전에 봤는데, 여행지에서 다시 보는 영화는 느낌이 달랐다. 강하고 이기적이었던 브래드 피트가 어린 달라이라마를 만나게 되면서 영적으로 성숙해가는 과정은 전에 없던 감동을 주었다. 무엇보다 젊은 브래드 피트가 너무도 풋풋하고 사랑스러웠다. 영화 속 그는 여전히 젊고 아름다운데, 내 젊고 아름다운 날들은 어디서 다시 볼 수 있을까 생각하니 가슴 한켠이 시큰거렸다.

# 3일차

Povoa de Vazim-Esposende | 21.7km | Eleven Hostel

## 빗속의 카미노

아침부터 비가 내리고 있었다. 어제 세탁을 했는데, 다시 옷이 젖게 생겼다. 우비를 둘러쓰고 방문을 나서려는데, 젊은 여성이 내게 인사를 건넸다. 독일 스튜트가르트에서 온 스테파니라고 했다. 그녀도 순례길을 걷는 중인데, 신발이 불편해서 새 신발을 샀다며 보여주었다. 그런데 새 신발도 여전히 밑창이 얇은 운동화였다.

"발목까지 올라오는 중등산화를 신어야 편할 텐데…."

"난 아킬레스건에 문제가 있어서 등산화를 신지 못해."

저 신발을 신고 산티아고까지 걷겠다니, 조금 걱정스러웠다. 나는 길 위에서 보자며 먼저 게스트하우스를 나섰다.

포르투갈 해안길은 오르막내리막이 별로 없이 평평한 길이지만, 돌길이 많아 걷다 보면 발바닥이 많이 아프다. 산길이나 숲길을 걸을 때와 달리 발의 피로도가 높다. 발가락양말에 두꺼운 양말을 신고 발목까지 올라오는 중등산화를 신었음에도 불구하고, 아픈 발바닥을 달래느라 몇 번이나 쉬어야 했다.

중간쯤 왔을 때 빗줄기가 굵어졌다. 비를 피하기 위해 바닷가 카페에 들어갔다. 오렌지주스를 마시고 있을 때, 스테파니가 들어왔다. 그녀는 절뚝거리

고 있었다. 역시 새 신발이 말썽을 부리는 모양이었다. 내가 배낭 때문에 어깨가 아프다고 했더니, 그녀는 배낭을 허리에 묶지 말고 골반뼈에 고정시키라며 배낭 메는 법을 알려주었다. 어깨 부분을 좀 더 느슨하게 풀어주니 훨씬 편했다.

비를 피해 순례자들이 속속 카페로 들어왔다. 우크라이나에서 왔다는 로만과 그의 친구는 유쾌한 사람들이었다. 로만은 나에게 어디서 왔느냐고 묻더니, 우크라이나는 작은 나라지만 사람들은 크고 튼튼한 심장을 가졌다며 자랑스럽게 말했다. 나는 외국 친구들에게 우리나라를 자랑스럽게 소개한 적이 있었던가 생각해보니 거의 없었던 것 같다.

카페는 앉을 자리 하나 없이 붐볐다. 나는 새로 들어온 순례자들에게 자리를 내어주고 먼저 나왔다. 비는 그칠 줄 모르고 내렸다. 안경이 비에 젖어 앞이 잘 보이지 않았다. 길은 어느덧 바닷길이 아니라 찻길로 이어졌다. 앞에도 뒤에도 순례자는 보이지 않았다. 처음엔 길을 잘못 든 걸까 생각했는데, 카미노 표지판이 보이는 걸 보면 제대로 가고 있는 것 같았다. 사람들은 다들 어딘가에서 비를 피하고 있는지도 모른다. 물웅덩이가 된 길 위를 달리던 자동차들이 나에게 물세례를 퍼부었다.

## 유칼립투스나무 숲속의 노상방뇨

좀 전에 마신 오렌지주스 때문인지 한기 때문인지 요의가 왔다. 성당이 있는 마을에서 화장실 표시를 봤는데, 카페에 들러야지 했다가 그만 카페를 찾지 못한 채 마을을 벗어나버린 것이다. 이제 내 눈은 멈출 곳만 찾고 있었다.

길은 숲으로 이어졌다. 어디선가 풍겨오는 익숙한 냄새. 그렇다. 그것은 유칼립투스나무 냄새였다. 오래 전 프랑스길에서의 마지막 날, 비에 젖은 유칼립투스 냄새를 기억한다. 나는 그때 길을 잃고 2~3km를 더 갔었다. 유칼립투스나무로 가득한 숲속을. 숲속의 깊고 신비한 물웅덩이들이 떠올랐다.

나는 유칼립투스나무 무성한 숲으로 성큼성큼 걸어 들어갔다. 그리고는 배낭을 멘 채로 볼일을 봤다. 시원했다. 드디어 포르투갈에서도 노상방뇨를 하다니. 나도 자연인이 되었다. 하하. 자연이 화장실이라며 아무 데서나 볼일을 보곤 하던 프랑스길에서의 로리가 떠올랐다.

다시 빗줄기가 굵어졌다. 좀 전에 다음 마을의 알베르게까지 3km가 남았다는 표지판을 본 것 같은데, 거의 다 오지 않았을까 생각하는 사이에 흰색 차 한 대가 내 앞에 멈춰 섰다. 여성 운전자였다.

"비가 많이 오는데, 다음 마을까지 데려다줄까?"

그녀의 옆에는 남자 순례자가 동승해 있었다. 나는 잠시 망설이다가 대답

했다.

“고맙지만 괜찮아. 혼자 갈 수 있어.”

그녀는 더 묻지도 않고 떠났다. 그녀가 떠나고 마을까지 2km가 남았다는 표지판을 본 순간 후회했다. 아, 타고 갈걸….

빗속에서 2km를 걷는 일은 맑은 날 20km를 걷는 것만큼이나 힘이 드는 일이다. 하지만 비에 젖은 유칼립투스 숲을 놓치고 싶지 않았다. 유칼립투스 나무에는 가연성 오일이 많아 한번 화재가 났다 하면 숲을 홀랑 태우기 때문에 조심해야 한다는 말을 들은 적이 있다. 그래서일까. 유칼립투스 냄새는 나에게 생각의 불을 일으키게 했다. 천 가지 만 가지 생각들이 떠올랐다 사라졌다.

숲을 벗어나자 언제 그랬냐는 듯 비가 그치고 해가 나기 시작했다. 낯익은 얼굴들이 보였다. 호주에서 왔다는 부부, 필립과 패트리샤였다. 그들은 젖은 신발을 벗고, 젖은 양말을 갈아 신고 있었다.

“오늘 어디까지 갈 거야?”

“우리도 몰라. 몸이 지치는 곳까지 가야지.”

아내인 패트리샤는 말수가 적고 신중한 사람인데 반해, 필립은 유쾌하고 농담도 잘하는 사람이었다. 은퇴한 이들 부부는 세계 곳곳을 여행하면서 노후를 보내고 있는데, 올가을쯤엔 베트남 여행을 계획하고 있다고 했다.

## 비우면서 채우는 길

길 위에서 날마다 무언가를 하나씩 잃어버린다. 첫날은 장갑 한 짝을 잃었고, 다음날은 지도를 잃어버렸다. 오늘은 스틱을 잃었다. 아니, 잃었다기보다는 필요한 이에게 줬다고 하는 편이 맞겠다.

아뿔리아(Apulia)라는 바닷가 마을에 왔을 때였다. 앞서가는 여성 순례자가 왼쪽 다리를 심하게 절뚝이며 걷고 있었다. 압박붕대로 다리를 감고 있었으나, 몹시 힘들어 보였다. 그녀의 손에는 스틱 하나 들려 있지 않았다.

"Are you okay?"

나는 다가가 물었다. 독일에서 온 나디아라고 했다. 그녀는 어린 아들과 함께 걷고 있는데, 며칠 전 넘어져 부상을 입은 후론 잘 걸을 수가 없다고 한다. 두 발로 걸어서 순례길을 마치고 싶은데 이런 일이 생겨 몹시 당황스럽고 슬프다고 했다.

나는 잠시 망설이다가 갖고 있던 스틱 중 하나를 그녀에게 건넸다.

"힘들겠지만 여기에 기대서 걸으면 좀 나을 거야."

그녀는 처음엔 받지 않으려 했다.

"너한테도 필요한 스틱일 텐데…. 차라리 네 스틱을 살게."

"아냐. 난 하나로도 충분히 걸을 수 있어. 지금 스틱이 필요한 사람은 바로 너잖아.”

그녀는 고마워하며 스틱을 받았다. 우린 부엔 카미노를 기원하며 서로 포옹하고 헤어졌다. 스틱 하나만으로 걸으려니 처음엔 허전했으나 곧 익숙해졌다. 오히려 홀가분했다. 내 스틱이 누군가에게 작은 도움이 될 수 있다는 사실이 나를 기쁘게 했다. 비우면서 채우는 법을 길이 다시 내게 가르쳐주고 있었다.

# 스테파니

스테파니를 다시 만난 것은 파오(Fao)에서였다. 그녀는 버스정류장에 앉아 언제 올지 모르는 버스를 기다리고 있었다. 도저히 이 상태론 걸을 수 없을 것 같다고 했다. 역시 새 신발이 문제였다. 나는 힘들어하는 그녀를 혼자 두고 갈 수가 없었다. 내가 제안했다.

"이곳에서 함께 점심을 먹으며 궁리해보면 어때?"

그녀는 환하게 웃으며 고개를 끄덕였다. 예쁜 바닷가 마을이었다. 근처에 레스토랑이 보여 들어갔는데, 그곳에 순례자메뉴가 있었다. 반가운 마음에 순례자메뉴를 주문했다. 스테파니는 닭다리와 라이스, 콜라를 시켰고, 나는 베지테리언을 위한 파스타와 레드와인 한 잔을 시켰다. 음식도 와인도 맛있었다. 우리는 함께 식사하며 많은 이야기를 나눴다. 간호사인 스테파니는 몇 년 전 결혼했으나, 지금은 헤어져 혼자 산다고 했다. 형제자매에 대해 묻자 그녀가 웃으며 말했다.

"엄마 아빠가 이혼했고, 두 분 다 재혼을 했는데, 엄마가 낳은 자식이 넷, 아빠가 재혼하여 얻은 자식이 셋이야. 그런데 우린 친형제처럼 서로 잘 지내고 있어."

서양 사람들은 새로운 가족 관계에 대해 편견이라곤 없는 사람들 같았다.

그들의 열린 마음은 어디서 오는 걸까 궁금했다. 그녀는 100kg이 넘을 정도로 과체중이었는데, 다이어트를 해서 수십 킬로그램을 뺐다고 했다. 다이어트를 위해 좋아하던 술까지 끊었다고 하니, 대단한 의지력의 소유자인 것 같았다. 그녀는 영어가 서툴렀지만, 자신을 표현하기 위해 무척 애쓰고 있었다.

"난 지금 41살인데, 더 늦기 전에 아기를 갖고 싶어."

"그렇구나. 난 곧 출산할 딸을 위해 기도하고 있는데, 내 기도 속에 너의 아기도 포함시킬게."

우리는 디저트로 나온 케이크까지 맛있게 먹고 일어섰다. 스테파니는 쉬면서 힘을 얻은 듯했다. 우리는 함께 천천히 걷기 시작했다. 자연을 좋아한다는 그녀는 길에서 찍은 꽃 사진들을 보여주었다. 그녀는 나와 같은 숙소에 머무르고 싶어 했으나, 내가 예약한 숙소는 이미 다 차서 다른 곳으로 가야 했다. 우리는 다시 만날 것을 기약하며 헤어졌다.

# 4일차

Esposende-Viana do Castelo | 28km | Albergue de Peregrinos

(Monte Santa Luzia)

## 혼자 걷는 시간

날은 화창했으나 오르막이 많았다. 길은 바닷길이 아니라 내륙길과 숲길로 이어지고 있었다. 유칼립투스 향기 가득한 숲길을 걸었다. 어디쯤 가니 고사리처럼 생긴 양치류가 지천이었다. 사진을 찍어 고사리를 좋아하는 어머니에게 보냈다. 계곡이 흐르고 있었다. 처음 보는 새들의 노랫소리와 계곡 물소리를 들으며 걷다 보니 마음의 노폐물이 빠져나가는 것 같았다. 가도 가도 줄어들지 않는 길이 지루해질 무렵, 첫날 라브루즈 알베르게의 룸메이트였던 파블로를 만났다.

41살이라는 그는 스페인 세비야에서 태어나 마드리드 근처에서 살고 있고, 이번이 세 번째 카미노라고 했다. 아내와는 일정이 맞지 않아 혼자 걷고 있다고 했다. 그는 상대의 말에 귀 기울일 줄 아는 따뜻한 사람이었다. 첫날 알베르게 주방에서 만났을 때도 나에게 의자를 권했던 사람이 그였다. 우리는 함

께 사진을 찍고 곧바로 페이스북 친구를 맺었다.

그와 헤어져 마을을 지나고 있을 때, 개 두 마리가 짝짓기를 하고 있었다. 암놈은 내가 지나가는 걸 보더니 슬그머니 몸을 빼고는 자리를 벗어났다. 그들도 누군가 보고 있다고 생각하면 부끄러운 걸까.

길 위에서 많은 커플을 만난다. 부부나 연인, 혹은 길에서 만난 사람끼리 커플이 되기도 한다. 첫 번째 카미노에서는 커플들이 부러웠는데, 이제 더 이상 그런 생각은 들지 않는다. 혼자인 게 편하고 누군가를 새롭게 만나 관계를 맺는 일은 생각만으로도 부자연스럽고 불편하다. 내가 무덤덤해진 탓도 있겠지만, 나이를 먹어가면서 사람은 어차피 혼자라는 생각이 지배적인 것 같다. 내 속도가 아닌 타인의 속도에 맞춰 함께 걷는 일의 이점을 알지 못하겠다. 길에서 누군가를 만나 얘기를 나누며 걷다 보면 놓치는 것들이 많다. 아름다운 풍경도 놓치게 되고, 혼자 생각에 잠길 여유도 없고, 멈추고 싶은 곳에서 멈출 수도 없다. 이번 여행에서 함께 걷는 친구를 만들지 않는 이유이기도 하다.

내가 포르투갈 순례길을 걷겠다고 했을 때 두 사람이 여행에 동참하고 싶어 했다. 한 사람은 『지금 여기, 산티아고』의 독자로 만나 친구가 된 Y였고, 다른 사람은 가깝게 지내는 S시인이었다. 난감했다. 둘 다 함께해도 괜찮을 좋은 사람들이지만, 이번 여행에 누군가와 함께한다는 계획은 처음부터 없었다. 오래 고민하다가 Y에게 다음과 같은 메시지를 보냈다.

*Y님은 저의 좋은 여행메이트가 될 거라는 걸 알아요. 함께하면 서로 의지도 되고 훨씬 더 편할 거라는 것도요. 하지만 저에겐 절대적으로 혼자만의 시간이 필요하고, 어렵게 시간을 낸 거라 예정에 없던 누군가와 함께하는 여행이 조금은 망설여지네요. 『지금 여기, 산티아고』에도 썼지만, 저와 그 길을 함께하고 싶어 했던 가까운 후배의 청을 거절한 이유이기도 해요. 그 후배 처음엔 섭섭해했지만 결국 저를 이해해줬어요.*
*오시고 싶으면 오세요. 다만 이번 여행이 저와 함께하는 여행이 아니라 Y님만의 여행이 되었으면 해요. 길에서 잠시잠깐 만나면 더 반갑겠지요^^ 제 마음 충분히 이해해주실 거라 믿어요.*
*함께하지 못한다 해서 서운해하지 않을 거지요?*

다음날 그녀는 현답이라며 충분히 이해한다는 답글을 보내왔다. S시인에게도 같은 방식으로 양해를 구했다.

조금은 심심하고 지루하긴 하지만, 혼자 걷는 이 시간이 내겐 너무도 소중하다. 하루 전날 숙소를 예약해놓고 다니니 마음도 편안하고, 걷다가 마음에 드는 곳이 있으면 멈춰서 오래 머물러도 된다.

## 빵의 유혹을 물리칠 수 없는 포르투갈

순례자의 하루는 단순하다. 먹고 걷고 쉬고, 다시 먹고 자고 걷는다. 첫 번째 순례길과 다르게 이번 순례길에서는 한 번도 음식을 해먹어 본 적이 없다. 워낙 느리게 걷는 탓에 저녁이 다 되어 도착하기 때문이기도 하고, 여행 와서까지 음식을 준비하는 수고로움을 겪고 싶지 않은 이유도 있었다. 하지만 무엇보다도 포르투갈의 음식, 특히 빵 때문이다.

포르투에서는 맛있는 에그타르트와 빵의 유혹을 물리치지 못해 가는 곳마다 먹었다. 우리 돈으로 2천 원이면 맛있는 카페라떼와 방금 구워져 나온 신선한 빵을 먹을 수 있는 곳이 포르투갈이다. '빵'이란 말이 포르투갈에서 기원했다는 것은 어쩌면 당연한 일인지도 모른다.

캄포 도 포르노(Campo do Forno)의 한 카페에서 점심을 먹었다. 시장했던 탓일까. 막 구워져 나온 바게트 빵에 참치와 신선한 야채를 듬뿍 넣어 만든 샌드위치는 정말 맛있었다. 맥주와 함께 먹으니 완벽했다. 갓 튀겨낸 프렌치프라이와 함께 두 번째 맥주를 시켜먹었다. 이보다 더 좋을 순 없는 순간이었다. 그래. 이게 바로 여행의 맛이지. 다소 열량이 많은 음식이긴 하지만 오늘은 많이 걸었으니 괜찮다. 흔하디흔한 감자튀김마저도 맛있는, 풍성하고 값도 착한 포르투갈 음식이 두고두고 생각날 것 같다.

## 빵맛을 오랫동안 유지하는 비결

아내가 떠난 집, 두 딸과 함께 아내가 덮었던 이불을 덮고 소파에 앉아 TV를 보며 아이스크림을 나눠 먹는다. 영화 「디센던트」의 마지막 장면이다. 하와이가 배경인 영화이지만, 그들의 조상은 어쩌면 죽기 전 누군가에게 이불과 베개와 담요를 물려준다는 루마니아인이었는지도 모른다. 어느 전통

있는 빵집은 오랫동안 맛을 유지하는 비결이 있다고 한다. 전날의 밀가루 반죽에서 한 덩어리를 남겨 다음날의 반죽에 섞는 것이다. 할아버지가 떠나면 아버지가, 아버지가 떠나면 그 아들이 반죽을 이어간다. 그러므로 우리가 오늘 먹고 있는 빵 속에는 아버지와 할아버지의 손맛이 섞여 있다는 것이다.

어젯밤의 불면은 내 것이 아니다. 이 침대에서 자고 떠난 사람이 물려준 것. 이상하고도 낯선 꿈은 떠난 이가 꾸다 버리고 간 꿈이었을 것이다. 떠난 사람이 덮었던 이불을 덮는 것. 불면을 물려받는 것. 이따금씩 북받쳐 오르는 슬픔도 누군가의 전생이 물려준 것인지도 모른다. 그리하여 어둠 속에서 밀가루 반죽처럼 부풀어 올라 깊은 밤 베개를 적시는 것인지도 모른다. 그렇게 그렇게 삶은 이어지겠지만, 내가 할 일은 슬픔을 주무르고 주물러 기쁨으로 환치하는 것. 내 이불을 물려줄 이에겐 좋은 꿈과 기쁨을 물려주는 일이다.

## 사람과 사람 사이의 다리

9년째 공사 중인 월드컵대교의 교각 하나가 강을 가로질러 세워졌다. 사람과 사람 사이에 다리가 놓이는 데에는 얼마나 오랜 시간이 걸릴까. 중단하지 않으면 언젠가는 다리가 완성되듯이, 삶을 포기하지 않는 한 사람 사이의 다리도 이어질 것이다. 그래서 태양도 아침마다 강물 위로 커다란 느낌표를 만들며 떠오르는 것이리라.

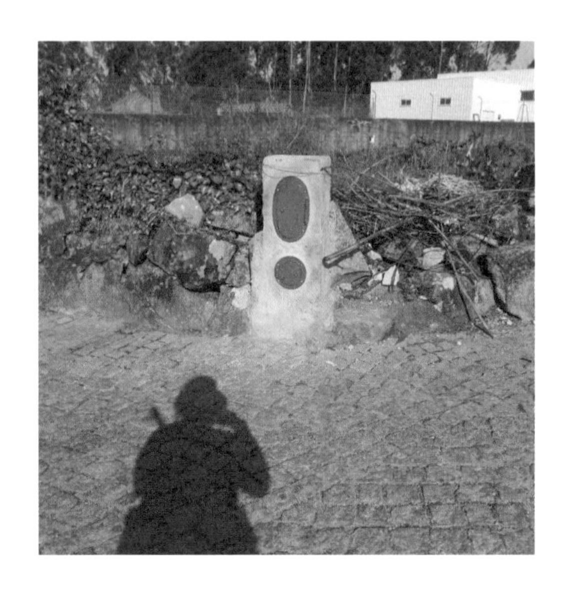

포르투갈은 느낌표가 많은 나라다. 아름다운 풍경이 그렇고, 맛있는 빵과 해산물이 그렇고, 친절하고 우호적인 사람들이 그렇다. 이들은 심지어 수도꼭지조차도 느낌표 모양으로 만들 줄 아는 센스를 지녔다. 작지만 느낌이 있는 사람들. 아침 일찍 걸으며 "본 디아!"를 외치면 각각 다른 방법으로, 따뜻하게 인사해주는 사람들. 사람과 사람 사이에 소박한 다리를 놓을 줄 아는 사람들이다.

## 알지스를 다시 만나다

오르막이 계속되고 있었다. 늦은 점심에 맥주를 두 잔이나 마신 터라 배도 부르고, 다리도 아프고, 숨도 찼다. 고갯마루에서 잠시 숨을 고르고 있을 때였다. 언덕 아래쪽에서 남자순례자가 한쪽 다리를 절뚝거리며 올라오고 있었다. 몹시 힘들어 보여 눈여겨보고 있었는데, 가까이 다가오고 나서야 그가 알지스라는 것을 알았다. 카미노 첫날 알베르게에서 만난 캐나다 순례자였다.

"이게 누구야?"

그도 깜짝 반가워하며 나를 껴안았다. 후욱, 땀 냄새가 났다. 그는 마린하(Marinha)에서 출발했는데, 신발에 문제가 있어 발이 많이 아프다고 했다. 오늘의 목적지인 비아나 도 카스텔로(Viana do Castelo)까진 3km 정도 남은 지점이어서, 우린 자연스레 함께 걸었다.

시간이 날 때마다 명상을 한다는 그는 자신의 명상 방식에 대해 나에게 이런 질문을 했다.

"명상할 때 머릿속에 바퀴벌레가 들끓으면 어떻게 하지?"

"난 머릿속에 나비들이 날아다니면 그냥 놔두곤 해. 그러다 보면 어느새 날아가 버리고 없거든."

그는 망상을 '나비들이 날아다닌다'고 표현한 것에 대해 아름답다며 감탄했다.

그 역시 이혼했고, 15살짜리 아들이 있는데, 엄마 아빠의 집을 번갈아가며 자라고 있다고 했다. 나는 전날 밤에 본 영화 「티벳에서의 7년」에 대해 이야기했다. 그도 무척 좋아하는 영화여서 여러 번 봤다고 했다.

목적지에 다 와 갈 무렵, 한 독일 부부를 만났다. 알지스는 남편과, 나는 부인과 함께 걸었다. 내가 61살 생일 기념으로 왔다고 했더니 그녀도 내년이면 60살을 맞이하게 된다고 했다. 길가에 아카시아가 하얗게 피어 향기를 퍼트리고 있었다. 60년을 살아낸 나에게선 어떤 향기가 날까. 커다란 강이 흐르는 다리를 건너며 생각했다.

알지스는 아직 다리를 건너오지 않았다. 여전히 발 때문에 힘든 걸까. 독일 부부와 작별인사를 하고 다리 끝에서 기다렸다. 마침내 그가 왔다. 아들에게 보여주려고 다리 위에서 사진을 찍고 영상을 남기느라 늦었다고 했다.

"난 시내에서 조금 떨어진 곳에 숙소를 예약했는데, 원한다면 함께 가도 좋아. 하지만 여기서부터 2.5km를 더 걸어야 해."

나의 제안에 그는 조금 망설이더니 말했다.

"거기까지 걷기엔 무리인 것 같아. 게다가 어제 만난 중국인 순례자와 공립 알베르게에서 다시 만나기로 했거든."

나는 속으로 안도의 한숨을 내쉬었다. 사실 같이 숙소로 가게 되면 어쩌나, 부담스러운 마음도 있었다. 침대 두 개짜리 방을 예약했는데 침대 하나를 그에게 내줘야 하나, 그 다음엔…? 혼자서 상상의 나래를 펼치고 있었던 것이다.

"이담에 다시 만나면 그땐 꼭 함께 와인을 마시자."

우리는 가벼운 포옹을 나누고 헤어졌다.

## 산꼭대기에 자리 잡은 산타루치아 알베르게

산타루치아 알베르게로 가는 길은 험난했다. 몇 번을 물어물어 찾아왔는데, 저 산꼭대기에 있는 숙소까지 계단을 올라가야 한다는 거다. 맙소사! 어쩌자고 나는 이런 곳에 예약을 한 걸까. 나에겐 걸을 힘이 거의 남아 있지 않았다. 산책하던 현지인이 다시 돌아와 길을 잘못 가르쳐줬다며 따라오라고 했다.

이 도시에 들어서기 전 멀리서 보였던 성당이 있었다. 어찌 저리도 높은 곳에 성당을 지었을까 궁금했는데, 내가 머물 숙소가 바로 그 높은 곳에 있다니 믿을 수 없었다. 도저히 걸어서 갈 수 없을 것 같으니 택시로 갈 수 있는 방법이 있는지 물었다. 그는 친절하게도 나를 택시들이 서 있는 곳까지 안내하고, 택시기사에게 목적지를 알려주었다. 영어는 한마디도 통하지 않았으나, 끝까지 도와주려는 마음이 고마웠다.

대체 이렇게 높은 곳에 숙소를 지은 의도가 뭘까 의아해하며 택시기사에게 몇 번이나 여기가 알베르게 가는 길이 맞냐고 물었다. 올라가면서 내려다본 시내 전경은 숨 막힐 듯 아름다웠다. 강과 바다가 만나는 곳이 보였고, 도시 전체가 한눈에 보였다. 산꼭대기에 나를 내려주며 기사는 계단을 올라 성당 오른쪽으로 가라고 했다. 만일 숙소가 없으면 어떡하지? 걱정되었다.

이 몹쓸 의심병….

계단을 올라 성당 오른쪽으로 가자, 과연 그곳에 알베르게가 있었다. 그것도 최신 시설로 지어진, 먼지 한 톨 찾아볼 수 없는 깨끗한 알베르게였다. 나는 트윈룸으로 예약했으나, 도미토리에 베드가 남았으니 원한다면 바꿔도 된다고 호스트인 카타리나가 친절하게 안내해주었다. 거기엔 이미 세 명의 순례자가 와 있는데, 매우 유쾌하고 좋은 사람들이라고 했다. 나는 잠시 망설였으나, 혼자 있고 싶어 그냥 트윈룸에 머물겠다고 했다.

성당은 6시에 문을 닫고 성당 카페도 6시에 닫는다고 했다. 저녁식사를 하려면 택시를 불러 타고 시내로 내려가야 했다. 어쩌나, 먹을 게 하나도 없는데…. 그나마 점심을 충분히 먹었으니 다행이다. 카타리나는 나를 2층 방으로 안내했다. 방은 침대 네 개를 놓을 수 있을 정도로 컸다. 게다가 방 앞에

전용 욕실과 방 옆에 커다란 주방까지!

그녀는 고맙게도 주방을 뒤져 먹을 것들을 찾아주었다. 샤워를 마쳤을 때 누군가 방문을 노크했다. 도미토리에 머무는 순례자들이었다. 여자 둘과 남자 하나. 놀랍게도 오는 길에 만난 파블로가 거기 서 있었다! 카미노 시작 후 첫 알베르게에서 만나고, 길 위에서 자주 마주치는 사람이었다. 그들은 저녁을 먹으러 택시를 불러 산 아래로 내려갈 건데 함께하지 않겠냐고 물었고, 나는 고맙지만 그냥 쉬겠다고 했다. 저녁을 함께하기에 나는 너무 지쳐 있었다.

그들이 떠난 후 아무도 없는 알베르게 주방에서 토스트 두 쪽을 구워 딸기잼에 발라 먹었다. 차 한 잔과 함께. 직원들도 퇴근하고 이 커다란 알베르게에는 나 혼자였다. 깜깜한 산꼭대기에 나 혼자라고 생각하니 기분이 이상했다. 하지만 너무 지쳤던 터라 곧바로 잠들었다. 몇 번인가 잠이 깼다. 덩그렇게 큰 방에 커다란 나무그림자가 드리워지는 걸 보면서 다시 까무룩 잠이 들었다.

## 5일차

Viana do Castelo-Moledo | 25km | Xicotina

## 지금이 내가 나일 수 있는 마지막 시간이라면?

그런 날이 있다. 누군가를 만나면 혼자이고 싶고, 혼자일 땐 누군가를 만나고 싶은. 오늘은 혼자이고 싶지 않은 날이었다.

비아나 도 카스텔로의 산꼭대기에 있는 알베르게에서 만난 인연으로 종일 함께 걷게 된 친구들이 있다. 독일에서 온 소냐와 사브리나, 스페인에서 온 파블로가 그들이다. 비가 내리고 있었다. 우리는 택시를 불러 산 아래로 내려왔는데, 노란색 화살표가 있는 곳은 오르막길이었다. 우리는 조금 더, 조금 더 하면서 오르막이 끝나는 곳까지 가달라고 했다.

"우리 이대로 택시 타고 산티아고까지 갈까?"

누군가 이렇게 말하자 다들 손뼉을 치며 환호했다.

종일 비가 내렸고, 소냐는 무릎에 문제가 있어 천천히 걸어야 했다. 평소 같았으면 함께 걷다가 바이바이 했을 텐데, 어찌된 일인지 오늘의 목적지까지 함께하게 되었다. 그들은 너무도 쾌활하고 밝아서 이국에서의 우울을 몰아낼 정도였다. 그들은 길 위에서 작은 기쁨을 찾아낼 줄 아는 사람들이었다. 돌 틈에 핀 꽃들과 눈 맞추기 위해 멈출 줄 아는 사람들이었고, 느리게 걷는 친구를 위해 기다려줄 줄 아는 사람들이었다.

사브리나는 가족과 통화 후 친정아버지가 위독하시다며 눈물을 보였고,

우리는 함께 걱정해주고 기도했다. 나는 사브리나를 보면서 나의 아버지를 떠올렸다.

아버지는 5년째 알츠하이머를 앓고 있다. 데이케어센터에 다니신 지 한 달. 센터에서 돌아올 때마다 "우리 집에 가자"며 채근하신다. '우리 집'이 어디냐 물으면 옛 고향집이기도 했다가, 오래전 살던 집이 되기도 한다. 아버지의 얘길 들을 때마다 나는 이상한 기분이 들곤 한다. 나에겐 '우리 집'이 이승을 떠나 가야 할 집으로 들리는 까닭이다.

어느 날 영화 「스틸 앨리스Still Alice」를 보았다. 세 아이의 엄마이자 사

랑스러운 아내로, 존경받는 언어학 교수로 행복한 삶을 살던 앨리스는 어느 날부턴가 익숙한 기억들로부터 멀어지게 되면서 '조발성 알츠하이머'라는 진단을 받게 된다. 하루하루 언어를 상실하고, 기억을 상실해가던 그녀가 어느 날 남편에게 말한다.

"내 일부가 사라지는 느낌이야. 차라리 암이었으면 좋겠어. 적어도 부끄럽진 않잖아."

기억을 잃는다는 건 정말 그런 느낌일까. 그것은 어느 날 팔 하나가 없어지고 어느 날은 다리가 하나 없어지는 것과 같은 상실감일까. 하지만 치매환자를 가족으로 둔 사람들은 알 것이다. 그것은 환자 자신보다도 환자 가족에게 더 큰 재앙이라는 것을.

얼마 전 아버지가 다시 길을 잃으셨다. 불볕더위에 산책을 나가셨는데, 두 시간이 넘도록 돌아오시지 않는 거다. 몇 번의 시도 끝에 가까스로 아버지와 통화가 되었지만, 계신 곳이 어딘지 몰라 횡설수설하셨다. 결국 택시를 타고 집 앞까지 오셨는데, 얼마나 헤매고 다녔는지 택시에서 내리는 아버지의 옷이 땀으로 흥건했다.

이런 일이 여러 번이라 어머니의 상심이 이만저만이 아니었다. 평생을 아버지에게 의지해 사셨던 어머니는 당신이 아픈 것보다 아버지의 병을 받아들이는 일이 더 고통스러웠다. 방금 식사하신 걸 잊어버리고 다시 밥을 찾는 아버지도, 자상하게 집안일을 거들던 아버지가 아무것도 하기 싫어하는 사람이 된 것도 다 거짓인 것만 같았다. 냉철하고 합리적이었던 남편이 어느 날 갑자기 길을 잃고 대소변도 못 가리게 되었다는 사실을 인정해야 하는 일이 어머니에겐 재앙이었다.

언젠가 정상인의 뇌와 군데군데 구멍이 뚫린 치매환자의 뇌 사진을 보여드렸지만, 어머니는 믿고 싶어 하지 않았다. 그저 "억울하다"고만 하셨다. 젊어서는 부모를 봉양하고 자식들 키우느라 서로 얼굴 볼 시간도 없이 지냈는데, 이제 겨우 한숨 돌리고 옛날이야기나 하면서 남은 날들 오순도순 보내려 했는데, 기억 상실이라니…. 상실의 고통은 이별 후에만 오는 것은 아닌 것 같다.

두려운 건 나 역시 마찬가지였다. 그것은 아버지와 같은 일이 언젠가 나에게도 닥칠지 모른다는 공포와 불안에서 비롯된 것이었다. 그래서인지 사소한 건망증도 가볍게 웃어넘기지 못하는 버릇이 생겼다. 만일 내 의지로도 어쩔 수 없는 상황이 벌어진다면 나는 어떻게 해야 할까. 지금이 내가 나일 수 있는 마지막 시간이라면?

"저는 고통스럽지 않습니다. 그저 견디고 있을 뿐입니다."

"지금 이 순간을 살라고 스스로에게 말합니다. 그게 제가 할 수 있는 전부니까요."

극단적인 선택을 하려다 실패한 앨리스는 마침내 자신의 병을 직시하고 받아들이게 된다. 다행히도 그녀의 곁에는 가족이 있다. 특히 자신의 활동무대인 로스앤젤레스를 떠나 엄마가 있는 뉴욕으로 돌아온 연극배우 딸 리디아. 그녀는 기억이 사라져가는 엄마를 깊이 공감하고 이해하려 한다. 내가 아픈 순간에 거짓 위로를 건네는 대신 어떤 느낌인지를 묻고 나를 이해해주려는 딸이 있다면 덜 외로울 것 같다. 나는 어떤 딸인가.

기억을 잃어가는 아버지도, 아버지의 병을 인정하고 싶지 않은 어머니도 더 이상 내가 알던 아버지와 어머니가 아니다. 영화나 소설에서처럼 그들이 아름다운 마무리를 할 수 있도록 도와드리고 이 세상 떠날 때 고이 배웅해드리고 싶은데, 현실은 그렇지 않다. 그래서 나는 슬프다.

## 핑크 스네일

핑크색 우비를 입고 달팽이처럼 느리게 걷는다 해서 파블로는 나에게 핑크 스네일(Pink Snail)이라는 별명을 붙여주었다. 세찬 빗줄기를 온몸으로 맞으며 내 삶에 비가 내리던 날을 떠올렸다. 소나기를 만난 것처럼 한꺼번에 쏟아지던 액운들…. 그때 나는 그것들을 감당할 힘을 잃고 산티아고 순례길을 떠났었다. 그 첫 번째 순례길에서 많은 눈물을 쏟아냈다. 그 후 다시 삶은 이어졌고, 많은 변화가 있었다. 그리고 삶의 후반기에 접어든 지금 나는 연로하신 부모님을 가까이에 모시고 있고, 한 생명의 탄생을 눈앞에 두고 있다. 그들이 내 삶의 핑계가 된 이쯤에서 다시 한 번 나를 돌아보고 싶었다. 내 삶은 어떻게 흘러가고 있는지, 계속 이렇게 살아도 괜찮은지를. 그리고 두 번째 순례길에 나선 지금 여기에서 나는 참 많이 웃는다. 더 멀리 가야 하는 친구들을 떠나보내고, 나는 홀로 남아 와인을 마시며 생각한다. 나는 지금, 여기에서 내 삶의 전성기를 보내고 있다고.

## 느린 부부를 만나다

포르투갈길을 걷기 시작한 후 처음으로 한국인을 만났다. 장대비를 피하기 위해 들어간 카페에서였다. '느린 부부'라는 닉네임으로 세계여행을 하고 있는 부부인데, 이들을 처음 알게 된 것은 포르투갈 순례길 단체 카톡방에서였다. 일정이 나와 비슷해 언젠가는 만날 거라고 생각하고 있던 참이었다. 첫날 라브루즈의 알베르게에서 그들이 방명록에 남긴 모국어의 흔적을 보고 반가웠다. 하루 이틀이면 만날 수 있을 거라 생각했는데, 닷새 만에 만나게 된 것이다.

가무잡잡하게 그을렸지만, 그들은 영락없는 한국인이었다. '느린 부부'라 해서 나이가 지긋한 부부로 생각했는데, 의외로 젊고 씩씩한 커플이어서 놀랐다. 세계여행을 시작한 지 1년이 다 되어간다고 했다. 둘 다 바쁜 직장생활을 하다 보니 서로 대화할 시간도 없었고, 삶이 팍팍했다고 한다. 그래서 과감하게 퇴사를 하고 시작한 여행이라고 했다.

그들의 용기와 열정이 부러웠다. 내가 그들 나이였을 때 생각지도 못했던 일을 그들은 행동으로 옮기고 있었다. 유목민처럼 이동하면서도 일을 할 수 있는 디지털노마드 시대가 되었다. 덕분에 세계를 여행하면서 일하는 젊은이들이 늘었다. 나 또한 휴대폰 하나로 순례길 위에서 업무를 처리하고 있으

니 막상 해보면 어려운 일도 아니다. 어쩌면 미래에는 집과 직장이 필요 없을지도 모른다.

우리는 붐비는 카페에서 몸을 부딪혀가며 차 한 잔을 마시고, 함께 사진을 찍었다. 그리고 좀 더 쉬었다 출발하겠다는 그들에게 "부엔 카미노!"를 빌어주고 먼저 빗속으로 걸어 나왔다.

## 밥 한 번 먹자는 말

아끼던 후배가 세상을 떠났다. 창백한 낯빛을 한 고인의 아내와 대학시절의 제 아빠를 꼭 닮은 두 아들이 빈소를 지키고 있었다.

"선배를 참 좋아했었는데요…."

캠퍼스 커플이었던 그의 아내가 내 손을 붙잡고 말했다. "밥 한 번 먹자"는 약속을 나중에, 나중에 하고 미루다가 그의 빈소에서 지키게 되었다. 그는 저 세상에서, 나는 이 세상에서 식은 국물을 떠먹으며.

'나중에'라는 말은 어쩌면 가장 때늦은 말인지도 모른다. 나이를 먹는다는 것은 하나둘씩 아는 사람을 잃어가는 일이지만, 그것을 슬퍼하지는 말자. 왜냐하면 어디선가 생명은 이어지고 있으므로. 후배가 저를 닮은 두 아들을 남겼듯이, 지금 이 순간에도 누군가의 몸을 찢고 생명은 태어난다. 겨울을 찢고 봄이 탄생하고, 팽나무의 몸을 찢고 새잎이 돋아나듯이.

그러니 "밥 한 번 먹자"는 말은 지금 먹자는 뜻이다. 지금 보고 싶다는 뜻이다. 나중은 오지 않을 수도 있으니.

## 6일차

Moledo-Oia | 30km | Alojamiento Camino Portugues Oia

## 택시보트를 타고 스페인으로

몰레도에서 이른 아침 출발했다. 페리 시간까지는 여유가 있어서 카민하에서 늦은 아침을 먹을 생각이었다. 한 시간여를 걸어 카민하에 도착하니 긴 다리가 있었다. 이 다리를 건너야 하나 망설이다가 현지인으로 보이는 노인에게 페리 타는 곳을 물었더니 다리를 건너라 한다. 고개를 갸웃거리며 다리를 건너다 아무래도 이건 아닌 것 같아 돌아섰는데, 그곳에 페리 타는 곳이 그려진 이정표가 보였다. 선착장에 도착하니 낯익은 얼굴들이 보였다. 소냐와 사브리나였다. 오 마이 갓! 오늘은 혼자 걷고 싶었는데, 길은 오늘도 나를 혼자 내버려두지 않는구나. 하지만 반가운 마음이 앞서는 걸 어쩌랴. 웃으며 그들과 허그를 하고 5유로짜리 티켓을 사서 택시보트에 합류했다.

포르투갈에서 스페인으로 건너오는 데 10분도 걸리지 않았다. 스페인으로 건너오니 한 시간이 빨라져 있었다. 공짜로 시간을 얻은 것 같았다. 'Galicia'라고 쓰인 표지석을 보니 얼마나 반갑던지…. 7년 전 순례길에서 수없이 보았던 표지석을 다시 보자 내가 스페인에 왔음을 실감했다.

어제와 다르게 날씨는 화창했고, 길 위에서 나는 다시 힘을 얻고 있었다. 선착장 근처에서 아침식사를 할 거라는 핑계로 소냐와 사브리나를 먼저 보냈다.

노란색 화살표 대신 왼쪽 해안길을 따라가면 정말 아름다운 풍경을 만날 거라는 뱃사공의 말은 사실이었다. 대신 구불구불한 해안길을 4km나 더 걸어야 했지만, 집채만 한 파도에 눈을 빼앗겨가며, 바닷가에 핀 들꽃들에 눈을 맞추기도 하며, 때로는 카페콘레체 한 잔을 위해 카페에 오래 머물기도 하는 느린 하루. 어쩌면 나는 이런 여백을 위해 이곳에 왔는지도 모른다는 생각이 들었다. 바닷가를 산책하던 현지인들은 어설픈 순례자에게 반갑게 인사를 해주었다. '본 디아'에서 '부에노스 디아스'로 아침인사가 바뀌는, 이 이상하고도 낯선, 그러나 이방인을 마다하지 않는 사람들의 속내가 궁금했다. 왜 나는 그토록 사람들을 경계하며 살아야 했을까.

## 소냐와 사브리나

아름다운 바닷가 마을 구아르다의 한 카페에서 쉬고 있던 소냐와 사브리나를 다시 만났다. 나는 무릎 통증을 호소하는 소냐에게 내가 가져온 무릎보호대 하나를 빌려주었다. 보호대를 착용한 그녀는 훨씬 편안하다며 고마워했다. (며칠 후 나머지 한쪽도 그녀에게 줘버렸다. 이로써 배낭 구석에 처박혀 공간만 차지하고 있던 무릎보호대는 제대로 주인을 만나게 된 셈이다.)

우리는 남은 길을 함께 걸었다. 목적지를 2~3km쯤 남겨놓고 갑자기 소나기를 만났다. 비를 피하기 위해 들른 카페에서 소냐는 무릎 통증 때문에 더 이상 걸을 수가 없다며 직원에게 택시를 불러달라고 부탁했다. 그러자 친절하게도 카페 주인이 직접 태워다주겠다고 나섰다. 사브리나와 나는 배낭을 소냐 편에 실어 보내고 처음으로 배낭 없이 걸었다. 배낭 없이 작은 숄더백 하나만 메고 걷는데, 날아갈 것 같았다. 둘 다 반팔 차림이었는데, 비가 내리니 오슬오슬 한기가 들었다. 당연히 우리의 발걸음도 빨라졌다. 우리가 알베르게에 도착했을 때, 먼저 도착한 소냐는 와인 한 병을 준비해놓고 우리를 기다리고 있었다. 우리는 바다가 내려다보이는 알베르게 로비에서 스페인으로 건너온 것을 자축하며 건배했다.

저녁은 소냐, 사브리나와 함께 숙소 근처의 카페에서 먹기로 했다. 대서양

이 내려다보이는 아름다운 카페였다. 참치샐러드와 누들스프를 시키고 틴토 와인 한 병을 시켰다. 참치샐러드는 훌륭했고, 빗속을 걷느라 얼어붙었던 몸을 따뜻한 누들스프가 녹여주었다. 카페에는 우리 외에도 4명의 중년 여성들과 독일에서 온 커플이 있었는데, 중년 여성 중 한 명이 오늘 할머니가 되었다며 아기 사진을 보여주었다. 우리 모두는 술잔을 들어 환호로 그녀를 축

하했다. 다음 달이면 할머니가 될 나도 미리 축하를 받았다.

수평선 끝으로 해가 저물고 있었다. 사브리나와 나는 와인 잔을 가지고 테라스로 나와 해가 지는 모습을 지켜보았다. 사브리나는 바다 속으로 가라앉는 해를 보면서 눈물을 흘렸다. 하루하루 생명이 꺼져가는 아버지를 떠올렸는지도 모른다. 자신의 감정에 솔직한 사브리나를 보면서, 어쩌면 내가 가지지 못한 것은 있는 그대로를 받아들이지 못하는 마음인지도 모른다는 생각이 들었다.

소냐와 사브리나는 오랜 친구처럼 보였는데, 알고 보니 순례길 첫날 공항에서 만난 사이라 했다. 사브리나는 동행을 챙길 줄 아는 사려 깊은 사람이었고, 길 위에서 의미를 찾으려 하는 사람이었다. 우리가 만난 첫날 그녀가 가리비를 보여주며 가리비에 난 길이 모두 한 곳으로 통하고 있다는 말을 했을 때, 나는 깜짝 놀랐다. 내가 첫 번째 순례길 에세이 『지금 여기, 산티아고』에 썼던 말과 너무 똑같아서였다. 이렇게 순수하고 감수성이 풍부한 사브리나를 사랑하지 않을 수가 없었다.

소냐는 건장한 체구에 강인해 보이는 여자였다. 실제로 그녀는 에너지가 넘쳤고, 인정이 많은 사람이었다. 그러나 행복해 보이는 그녀에게도 그늘이 있었다. 16살짜리 딸 하나를 둔 그녀는 남편과의 이혼을 준비하던 중, 혼자만의 시간이 필요해 카미노에 오게 되었다고 했다. 시댁에서 하는 사업을 돕고 있는 그녀에게 이혼은 곧 생계를 포기해야 하는 의미이기도 했다. 48살이라는 그녀도 우리나라 여성들처럼 경단녀가 되는 것을 두려워하고 있었다. 그 또래 대부분의 독일 남자들은 요리도 하지 않고 집안일도 하지 않는다고 했다. 그들도 우리처럼 보수적인 환경에서 살고 있었고, 비슷한 문제를 안고 있었다.

그들도 변화시킬 수 없는 것들 때문에 아프고, 그 아픈 시간을 고독한 싸움을 하며 견디고 있다는 것, 그들의 삶도 우리와 크게 다르지 않다는 것을 알게 된 저녁이었다. 카페 주인이 문 닫을 시간이라고 해서야 우리는 자리에서 일어섰다. 숙소로 돌아오는 길, 해를 삼킨 바다는 캄캄했고, 파도소리만 우리 사이를 가득 채우고 있었다.

# 7일차

Oia-Baiona | 20km | Hostel Albergue Baionamar

## 바다를 바라보며 복숭아를 먹는 시간

순례길을 시작한 이래 처음으로 깨지 않고 숙면을 취했다. 지난밤 자정이 넘어 잔 탓이기도 하지만, 풍성한 저녁과 약간의 와인, 그리고 오랜 걷기 후의 고단함 때문이었을 것이다. 8시가 넘어서야 일어난 소냐와 사브리나에게 먼저 출발하겠다 말하고 길을 나섰다.

배낭을 꾸려 숙소를 떠나는 아침마다 무언가를 빠뜨리고 온 것 같은 이 찜

찜한 기분은 뭘까. 떠날 준비가 안 된 사람처럼 자꾸만 뒤를 돌아본다.

해안길 도로를 따라 걷다 보니 카미노 표시가 산길로 향해 있었다. 그쪽으로 방향을 바꾸려 할 때 자전거를 탄 사람이 두 손으로 X자를 크게 그리며 그냥 가던 길로 가라고 했다. 그의 말대로 해안길을 따라 걷는데, 어느새 카미노 표시가 사라졌다. 뒤따라오던 순례자들도 보이지 않고, 노란색 화살표도 없었다. 구글맵을 켜보니 해안길은 구불구불해서 좀 더 돌아가는 길이었다. 이따금씩 자동차들이 바람을 일으키며 달려갔지만, 바다가 아름다워 걸을 만했다.

바람대로 오늘은 정말 혼자 걷는 길이었다. 며칠 동안 친구들과 어울려 걸었던 터라 혼자만의 시간이 절실히 필요했던 참이었다. 소냐가 알려준 식용 식물꽃들이 많이 보였다. 한 송이를 따서 입에 넣고 오물거리자, 향긋한 꽃냄새가 입안을 가득 채웠다. 바닷가 마을의 주황색 지붕들과 파란 바다는 얼마나 환상의 조합인지, 자꾸만 멈춰 서서 카메라를 들이댔다. 마을을 2,3km쯤 앞두고 바닷가 벤치에 앉아 바다를 바라보며 복숭아를 먹었다.

## 내년에도 내가 이 길을 걷고 있을까?

*걷는 게 고역일 때*

*길이란*

*해치워야 할*

*'거리'일 뿐이다*

*사는 게 노역일 때 삶이*

*해치워야 할*

*시간일 뿐이듯*

*- 황인숙 「세상의 모든 비탈」 부분*

한 달 사이에 세 권의 책이 나왔다. 적은 인력으로 일을 하다 보니 잠을 줄일 수밖에 없다. 자정이 다 되도록 원고 교정을 하고 보도자료를 작성하다 보면 눈이 뻑뻑해서 인공누액을 들이붓고 있을 정도이다. 석 달에 한 권의 책만 출간해서 먹고살 수 있기를 바라지만, 현실은 그렇지가 않았다. 우후죽순 생겨나는 만큼 소리 없이 사라지는 출판사들이 많기 때문이다.

매일 아침 주문서를 넣을 때마다 줄어들지 않는 재고들은 돌덩이가 되어 가슴을 눌렀다. 물류창고엔 팔리지 않아 돌아온 책들이 쌓여가고, 창고비는

늘어갔다. 작가에게 돌려보내기도 하고, 기증하기도 하지만, 대부분 폐기처분을 하게 된다. 책으로 태어나 날개 한번 펼쳐보지 못한 채 사라지는 책들을 보면 가슴이 무너졌다. 저들에게도 나무였던 시절이, 새싹이었던 시절이 분명 있었을 텐데, 별빛 종소리 한번 울려보지도 못하고 사라지는 나무들, 책들….

바다 위로 몸을 낮춘 채 새 떼가 서쪽을 향해 날아가고 있었다.

저들은 다시 돌아올까?

내년에도 내가 이 길을 걷게 될까?

은행나무 노란 이파리들을 볼 수 있을까?

마지막 핏물을 짜내며 익어가는 단풍나무를 볼 수 있을까?

길 위에서 신발 끈을 고쳐 맬 때마다 다짐하곤 했다. 이대로 1킬로미터만 더 가자. 그게 안 되면 500미터라도. 그것도 안 되면 100미터라도 가자. 그것

이 내가 삶을 이끌어온 방식이었다. 이제는 마음을 바꾸었다. 힘들면 쉬어가자. 스스로를 다그치지 말고 몰아붙이지도 말자. 그러자 걷다 멈춘 그곳에는 그동안 내가 보지 못했던 작은 풀꽃이, 벌과 나비 들이 있었다. 이제는 바삐 사느라 놓친 것들을 찬찬히 들여다볼 시간이었다.

신대륙을 발견한 콜롬버스의 세 척의 배 중 한 척이 들어왔다는 바이오나에 도착했다. 지은 지 얼마 안 되어 보이는 알베르게는 정갈했고, 주인도 친절했다. 소냐와 사브리나는 이미 도착해서 알베르게 옆에 있는 카페에서 쉬고 있었다. 그들은 해안길이 아닌 산길을 걸었다며, 아름다운 풍경사진들을 보여주었다. 나는 맥주 한 잔으로 목을 축이고, 그들과 함께 점심 겸 저녁을 먹기로 했다.

포르투갈도 그렇지만, 스페인 갈리시아 지방 역시 풍부한 해산물로 유명하다. 항구도시의 골목골목마다 타파스와 해산물 레스토랑이 자리하고 있었다. 야외테이블에 앉아 음식과 와인을 즐기는 사람들 틈에 우리도 끼었다. 우리는 햇살과 비둘기가 내려앉는 야외테이블에 자리를 잡고 뿔뽀와 오징어, 고추튀김 등을 시켰다. 와인도 빠질 수 없었다. 생크림을 얹은 매쉬드포테이토와 뿔뽀가 너무 맛있어서 깜짝 놀랐다.

늦은 오후의 햇살이 보자기만 하게 될 때까지 우리는 먹고 마시고 얘기하고 웃었다. 어느덧 그 많던 사람들은 하나둘 어디론가 가버리고, 어둑해진 골목은 비둘기들의 놀이터가 되었다.

Redondela
Vigo
Baiona
A Guarda
Bordón

# 8일차

Baiona-Vigo | 25km | Kaps Hostel Vigo

## 노란 글껍질이 화살표로 보이고

눈을 뜨니 새벽 4시 반이었다. 다른 사람들이 깨지 않도록 조용히 물건들을 챙겨 나와 로비에서 짐을 꾸렸다. 차 한 잔에 비스킷 두 조각을 먹으며 일기를 쓰고 나니 6시가 다 되어 있었다. 그 사이에 호주 부부 패트리샤와 필립이 속옷 바람으로 화장실을 다녀갔다.

아직 어두컴컴한 새벽, 배낭을 메고 알베르게의 현관문을 열고 나섰다. 혼자였다. 차가운 새벽바람이 온몸으로 스며들었다. 어제 숙소 주인이 알려준

대로 큰 교회가 있는 곳까지 갔다. 거기서부터 노란색 화살표를 볼 수 있을 거라고 했으나 화살표는 없었다. 어두워서 보이지 않는 걸까. 휴대폰 플래시를 켜고 교회를 세 바퀴나 돌아도 화살표처럼 생긴 것은 보이지 않았다. 어쩌지? 궁리하다가 일단 바다 쪽으로 가보기로 했다.

바다 쪽으로 나가는 길은 긴 골목길이었다. 인적 없는 어두운 골목길을 걷

다 보니 조금 무서운 생각이 들었다. 더욱 무서운 일은 앞쪽에서 사람이 다가오고 있을 때였다. 그것도 여자가 아닌 남자였다. 나는 짐짓 명랑한 척 인사를 건네며 이 길이 순례길이 맞는지 물었다. 그는 고개를 끄덕이며 바다 쪽을 가리켰다.

"오브리가도!"

아차, 이곳은 스페인인데 그라시아스! 대신 포르투갈 인사가 먼저 튀어나왔다. 습관이란….

바닷가로 나왔다. 멀리 보이는 마을의 불빛을 향해 걷는데, 주변이 환해서 올려다보니 보름달이 둥실 떠 있었다. 아, 오늘이 보름이었구나. 다행이다. 달이 없었다면 이 어두운 길을 어떻게 헤쳐나갈 수 있을까.

갑자기 인기척이 느껴져 뒤돌아보니 취객이었다. 그는 밤새 마신 듯 비틀거리며 내 뒤를 쫓아오고 있었다. 혀 꼬부라진 소리로 알아들을 수 없는 말을 중얼거리며. 긴장감으로 몸이 조여드는 것 같았다. 뛰다시피 걸었다. 그는 계속 뒤따라왔다. 온몸에서 식은땀이 났다.

"아이 좀, 따라오지 말란 말이야!"

나는 소리치며 스틱을 쥔 손에 힘을 주었다. 한참을 걷다 보니 취객이 보이지 않았다. 후유, 그제야 안도의 한숨을 내쉬었다.

아무리 해안길이라고는 하지만 화살표 하나 없이 걷는 길은 막막했다. 해가 뜨려면 아직 멀었고, 부활절 휴일에 토요일인 이른 아침 문을 연 카페가 있을 리 없었다. 들쑥날쑥한 해안길을 걷다 보니 구글맵은 목적지까지 거리가 멀어졌다 가까워졌다를 반복하고 있었다. 일단 자동차도로를 따라 걸었다. 휴일 아침이라 교통량은 많지 않았지만, 차들이 쌩쌩 달렸다. 밋밋한 도

로를 걷는 일은 지루했다. 오픈 준비를 하고 있는 슈퍼마켓의 문을 두드려 바나나와 사과 한 개를 샀다.

서서히 동이 터오기 시작했고, 여전히 노란색 화살표는 보이지 않았다. 길바닥에 떨어진 노란 귤껍질이 화살표로 보였다. 동행이 없어 더 외롭고 멀게 느껴졌다. 새롭게 길을 만들어가는 이들의 외로움을 조금은 헤아릴 수 있을 것 같았다.

## 누드비치, 그리고 오리가족을 만나다

혼자 걷는 길에서 뜻밖의 광경을 만났다. 사람들이 많은 해변을 지나자, 한 구석에 작은 비치가 있었는데, 그곳에는 실오라기 하나 걸치지 않은 사람들이 있었다. 처음엔 내가 잘못 본 걸까, 하며 눈을 크게 뜨고 다시 보았다. 분명히 누드였다. 말로만 듣던 누드비치가 이곳에 있다니! 그들은 해변에 누워 선탠을 하거나, 바다에서 수영을 하고 있었다. 젊은이든 노인이든, 여자

든 남자든 자신의 성기를 당당히 드러내고 축 처진 배를 드러내고 있는 사람들. 결코 아름답다고 할 수 없는 몸인데도 당당하게 드러낸 모습에 나는 적잖은 충격을 받았다. 이들의 거침없고 자유로운 행동은 대체 어디서 나오는 걸까. 나는 할 말을 잃고 바다 사진을 찍는 척 카메라를 누르다가 그래선 안 될 것 같아 그만두었다.

구글맵은 이제 해안가에서 내륙 쪽을 가리키고 있었다. 이곳이 마지막 해안길이다. 생각끝에 바다에 발을 담그고 가기로 했다. 8일째 바다를 따라 걸었으나 발 한 번 물에 담가보지 못한 터였다. 신발 끈을 풀고 두 겹이나 되는 양말을 벗는 일이 번거로웠으나, 그렇게 하지 않으면 나중에 후회할 것 같았다. 차가운 바닷물에 발을 담그자 갇혀 있던 발가락들이 해방되었다. 발가락 사이로 바닷물과 모래가 빠져나갈 때 간지럽고 부드러운 느낌이 온몸을 감싸는 것 같았다.

휴가를 온 듯한 가족이 요트처럼 생긴 배에서 놀고 있었다. 아이들은 배 위에서 바다로 뛰어내리며 깔깔대고 웃었다. 아빠는 아이들을 바다에서 건져

올려 다시 배 위에 올려주었다. 그들의 행복한 모습이 한 장의 사진처럼 가슴에 담겼다.

비고에 다 와 갈 때였다. 달리던 차들이 길 한가운데에서 갑자기 멈춰 섰다. 무슨 일인가 했더니, 오리가족이 길을 건너고 있었다. 어미가 앞장서고, 대여섯 마리쯤 되는 새끼오리들이 어미 뒤를 따라 뒤뚱뒤뚱 걷고 있었다. 차들은 멈춰 서서 오리가족이 모두 길을 건널 때까지 기다려주었다. 오리가족은 길을 건너 보도블록으로 올라서더니 언덕 쪽으로 올라갔다. 어떤 녀석은 보도블록에 오르느라 몇 번을 굴러떨어지며 안간힘을 썼다. 오리가족이 무사히 길을 건너자 멈춰 섰던 자동차들은 다시 움직이기 시작했다. 이 앙증맞은 오리가족의 무단횡단을 영상으로 담으며, 오늘 하루 길을 잃고 헤맸지만, 오리가족을 만난 것만으로도 충분히 가치 있는 날이었다고 생각했다.

## 순례자들의 수다 시간

캡스 호스텔 비고까지 가는 길은 무척이나 덥고 힘들었다. 가는 길에 중국 마트가 보여 혹시나 하고 들렀는데, 신라면을 포함해 각종 한국 라면들을 팔고 있었다. 반가운 마음에 신라면 네 개와 새우탕면 한 개를 샀다. 내일이면 뒤따라오고 있을 지수를 만날 테니, 내일 저녁엔 지수와 소냐, 사브리나를 초대해서 라면파티를 할 생각이었다.

호스텔에 도착한 시간은 오후 2시. 소냐와 사브리나는 아직 오지 않았다. 체크인이 3시라 배낭을 프런트에 맡겨두고 근처 카페에 가서 맥주 한 병을 시켰다. 이곳에서는 맥주를 한 병 시키면 또띠야나 올리브, 마른안주나 타파스 등 썩 괜찮은 안주가 함께 나온다. 그걸로 우선 시상기를 면할 수 있다.

3시가 다 되어갈 무렵 사브리나로부터 도착했다는 메시지가 왔다. 나는 호스텔로 돌아가 그들을 만나 함께 체크인을 했다. 1인당 22.5유로짜리 도미토리 침대였다. 다른 도미토리에 비해 조금 비싸긴 했지만, 호텔처럼 고급스럽고 직원들도 친절했다.

우리가 머물게 된 방에는 먼저 들어온 여성 순례자가 한 명 있었다. 파울리나라는 작고 사랑스러운 독일 여성이었다. 우리 넷은 함께 식사를 하기로 하고 택시를 불러 올드타운으로 갔다. 그곳은 시내와 달리 고풍스러운 건물

들이 많았다. 순례자와 여행자들로 붐비는 골목에서 우리는 가장 북적거리는 레스토랑으로 갔다. 사람들이 줄 서서 기다리는 집은 맛집임에 틀림없다는 진리를 독일 친구들도 알고 있었다. 30여 분을 기다려서야 야외테이블에 앉을 수 있었다.

모락모락 김이 오르는 가마솥에서 문어가 팔팔 끓고 있었다. 문어와 홍합, 고추튀김에 와인을 시켰다. 파울리나는 인디밴드 가수이고, 같은 뮤지션인 자신의 피앙세와 10년을 함께 했다고 말했다. 그런데 아기를 가져야 할지 말아야 할지 확신이 서지 않는다며 선배 엄마들의 생각을 듣고 싶어 했다. 소냐도, 사브리나도, 나도 할 말이 많았다. 우린 아기를 낳고 키우는 일이 쉽진 않지만, 자식이 얼마나 큰 기쁨을 주고 삶을 풍요롭게 하는지에 대해 입을 모아 말했다. 파울리나는 아기에 대해 어느 정도 확신을 갖게 된 것 같았다. 우리는 옆자리에 있던 여행자 가족들과 합석하여 이야기를 나누었고, 파울리나는 모두를 위해 노래를 불러주었다. 오후 4시부터 시작된 술자리는 한밤중까지 이어졌다(고 한다). 어떻게 숙소로 돌아왔는지 기억나지 않는다. 우리가 마신 와인이 무려 8병이었다는 사실을 다음 날 아침에야 사브리나로부터 전해 들었다.

# 9일차

Vigo-Redondela | 20km | Albergue A Rotonda

## 지수를 다시 만나다

눈을 떠보니 8시 30분이었다. 갈증은 났지만, 숙취는 없는 것 같았다. 그렇게 술을 많이 마시고도 멀쩡하다는 게 이상할 정도였다. 뒤늦게 일어난 친구들과 함께 떠날 준비를 했다. 겨우 침대에서 일어난 파울리나는 먼저 떠나는 우리에게 일일이 포옹으로 작별인사를 해주었다.

호스텔 직원이 지도를 들고 바깥까지 나와 순례길로 들어서는 길을 알려주었다. 내가 앞장서서 걷는데, 전화벨이 울렸다. 지수였다.

"저 지금 비고인데 어디세요?"

"벌써 여기까지 걸어온 거야?"

"아침 일찍 버스를 타고 왔어요. 전 지금 도시를 벗어나는 길목에 있어요."

"우린 노란색 화살표를 찾아가는 중인데, 조금만 기다려줄래?"

지수는 아침을 먹고 있다며 카페 이름을 알려주었다. 구글맵으로 카페 이름을 검색해보니 지수가 있는 곳은 여기서 3.5km나 떨어져 있었다. 호스텔 직원이 버스정류장에서 좌회전을 하라고 했는데, 곧 나올 것 같았던 버스정류장은 가도 가도 보이지 않았다.

"아무래도 우리가 화살표를 놓친 것 같아."

이대로 걷는다면 한 시간 이상이 걸릴 터였다. 내가 제안했다.

"우리 택시 타자."

택시를 타고 가다가 알았다. 내가 전화 받느라 정신이 빠져 좌회전했어야 하는 곳을 지나쳐왔음을.

카페에 도착해 지수와 반갑게 포옹하고 소냐와 사브리나에게 소개했다. 그런데 막상 출발하고 보니 지수가 순례길 초입이라고 생각하고 걸어온 곳은 순례길과 정반대 방향이었다. 시내에서 5km 떨어진 곳까지 왔는데, 순례길에 들어서려면 다시 시내 쪽으로 돌아가야 했다. 지수는 몹시 당황해하며 미안해했다. 우리는 구글맵을 검색하고 사람들에게 물어물어 길을 찾아나갔다. 이번엔 소냐와 사브리나가 앞장섰다. 노란색 화살표는 좀처럼 보이지 않았다. 순례자들이 도시를 좋아하지 않는 이유가 바로 이 때문이다. 복잡한 도시에서 노란색 화살표를 찾기란 서울에서 김 서방 찾기만큼이나 어려운 일이었다.

소냐와 사브리나를 따라가던 지수가 갑자기 제 방식대로 가겠다며 방향을 틀었다. 나는 마음이 불편했다. 그러잖아도 길을 헤매게 해서 소냐와 사브리나에게 미안한 터였다. 하지만 열흘 만에 만난 지수를 혼자 두고 갈 순 없었다. 양해를 구할 틈도 없이 소냐와 사브리나는 어느새 우리 시야에서 벗어나 있었다. 그들 걱정은 하지 않기로 하자. 우린 다시 길 위에서 만날 테니까.

지수와 함께 걷다 보니 어제 라면을 샀던 중국 마트를 지나 내가 묵었던 호스텔 쪽으로 가고 있었다. 시간은 벌써 정오가 다 되어 가는데, 우린 다시 출발지점으로 돌아오고 있었던 것이다. 무언가에 홀린 것 같았다. 갈증 때문에 나는 한 걸음도 더 걸을 수가 없었다. 우리는 맥도널드에 들어가 아이스크림을 하나씩 사먹고 물을 한 병씩 더 샀다.

정오가 훨씬 지난 시간, 아침에 출발했던 호스텔에서 다시 시작했다. 이번엔 화살표가 보였다. 다행이다, 안도하며 걷는데 어느새 화살표가 다시 사라졌다. 화살표들이 우리만 지나가면 어딘가로 숨는 것 같았다. 오늘은 기필코 노란색 화살표를 따라가겠다고 다짐했는데, 다시 이런 꼴이라니….

하는 수 없이 구글맵을 따라가기로 했다. 이번에도 차들이 쌩쌩 달리는 자동차도로였다. 소냐와 사브리나는 화살표를 잘 따라가고 있을까. 그들도 우리처럼 헤매고 있을까봐 걱정되었다. 어제만큼 덥진 않았으나, 나는 쉴 때마다 물과 콜라와 아이스티를 찾았다. 어제의 음주 탓이다. 지수는 이번 카미노에서 깨달은 게 있다며 말했다.

"길에서는 걷는 게 일이잖아요. 그런데 막상 걷다 보니 카미노도 일상과 다를 게 하나도 없더라구요. 일상을 카미노처럼 살면 될 일인데, 무얼 찾겠다고 이렇게 자주 순례길을 왔는지 모르겠어요. 아마도 더 이상은 카미노를 하지 않을 것 같아요."

나의 첫 번째 순례길 이야기 『지금 여기, 산티아고』에서도 비슷한 이야기를 썼다. 삶은 경험이다. 길도 잃어보고, 되돌아 가보기도 하며 직접 경험하고 깨닫지 않으면 모른다. 도로변 레스토랑에 들러 지수는 맛조개를, 나는 샐러드를 시켰다. 계속되는 갈증 때문에 도무지 입맛이 없었다.

## 친구들과 친구 사이에서

레돈델라 초입에 있는 로톤다 알베르게에 도착했을 때 더위와 갈증으로 완전히 녹초가 되어 있었다. 알베르게의 주인인 헤르만은 커다란 생수병을 내밀며 환영해주었다. 지난해 가을 오픈했다는 알베르게는 티끌 하나 없이 깨끗했고, 헤르만은 친절했다.

30~40분 후 소냐와 사브리나도 도착했다. 그들은 우리와 달리 노란색 화살표를 따라왔는데, 정말 아름다운 풍경 속을 걸어왔다고 했다. 마지막 2km를 남겨두고는 너무 지쳐서 택시를 탔는데, 택시기사가 근무를 마치고 아내와 함께 저녁을 먹으러 가다가 그들을 공짜로 태워줬다고 했다. 순례자에 대한 스페인 사람들의 존경심과 배려심은 매번 감탄할 수밖에 없다.

오늘은 친구들과 라면파티를 할 생각이었는데, 안타깝게도 숙소에는 밥을 해먹을 수 있는 도구가 없었다. 소냐와 사브리나는 괜찮다며 밖에 나가서 먹겠다고 했다.

소냐와 사브리나와 함께 한 이후 숙소 예약은 자연스럽게 내 담당이 되었다. 따로 걸어도 같은 숙소에서 만나 저녁 시간을 함께 보낸 우리였다. 오늘도 다음날 숙소를 예약하려고 의견을 물었는데, 사브리나가 말했다.

"내일은 우리가 어디까지 가게 될지 모르니, 각자 알아서 하는 게 좋을 것

같아.”

의외의 냉담한 반응에 놀랐다. 오늘 함께하지 않아서 서운했던 걸까. 정색하고 말하는 그녀를 설득할 도리가 없었다. 지수가 빨래를 건조시키러 세탁방에 간 뒤 소냐가 내게로 왔다.

“우린 너랑 함께 걷고 함께 지내는 게 정말 좋아. 그런데 이제부턴 따로 걷는 게 좋을 것 같아.”

“그래? 지수가 있어서 불편했구나.”

“미안한 말이지만, 지수는 우리랑 맞지 않는 사람 같아. 물론 너에겐 좋은 친구겠지만, 모두가 좋은 친구가 될 수는 없어. 이제부턴 따로 걷기로 하자.”

뭔가 오해가 생긴 게 틀림없는데, 이 사태를 어떻게 수습해야 할지 난감했다.

## 헤르만의 한숨소리

이곳에 머물게 된 순례자는 소냐와 사브리나, 지수, 나, 그리고 한 명의 독일 여성순례자, 이렇게 5명이었다. 그런데 알베르게 주인인 헤르만은 밖에 나갔다 들어올 때마다 덥다며 숨을 몰아쉬었다. 순례자들을 보살피면서도 이따금씩 한숨을 푹푹 내쉬었다. 나는 라운지 테이블에 앉아 일기를 쓰고 있었는데, 땅이 꺼질 듯한 한숨소리에 은근 걱정이 되어 나도 모르게 숙박비를 계산하고 있었다. 인당 12유로에 다섯 사람이면 60유로다. 하루 7만 원을 벌어 전기료와 수도료, 관리비 등을 감당할 수 있을까? 혼자서 공연히 오지랖을 떨고 있었다.

저녁 7시 반쯤 되자 더 이상의 순례자는 오지 않을 거라면서 헤르만은 퇴근했다. 그가 떠나고 얼마 안 돼 누군가가 알베르게의 문을 두드렸다. 내가 문을 열어주자 커플인 듯한 두 중년의 순례자가 서 있었다.

"베드가 있나요?"

남자가 물었다. 그들에게서 지독한 땀 냄새와 몸 냄새가 풍겼다. 나는 순간 나쁜 생각이 들어 베드가 다 찼다고 말할 뻔했다. 하지만 마음을 고쳐먹고 그들을 안으로 들였다.

러시아에서 온 순례자들이라고 했다. 나는 그들에게 헤르만의 전화번호를 알려주었다. 의사소통이 잘 되지 않아 스페인어에 능통한 지수가 도와주었고, 곧 헤르만이 알베르게로 왔다. 7명의 순례자를 들이게 된 그는 조금 행복해졌을까. 누군가의 여행이 누군가에겐 생계 수단이 된다. 오늘 밤엔 헤르만이 한숨 쉬지 않고 잠들겠다는 생각에 조금 안도했다.

## 10일차

Redondela-Pontevedra | 19.6km | Pension Casa Maruja

## 냉수샤워 덕분에 얻은 라면 냄비

소냐와 사브리나도 일찌감치 일어나 채비를 하고 있었다. 그동안 함께여서 즐거웠는데 헤어지려니 섭섭했다. 하지만 네 명이 함께하는 건 그들이 원하는 일도, 내가 원하는 일도 아니었다. 무엇보다 나는 홀로 걷고 싶었다. 지수와 나는 앞서거니 뒤서거니 하면서 걸었다.

며칠 동안 차들이 쌩쌩 달리는 도로를 걷다가 노란 화살표를 따라 걸으니 살 것 같았다. 숲이 나오고 계곡이 나왔다. 유칼립투스 냄새가 코끝을 스쳤다. 약간의 오르막은 있었지만 오를 만했고, 무엇보다도 발의 피로도가 적었다. 부드러운 흙길을 걸어서일 것이다. 카페가 있는 곳마다 들러 카페콘레체나 오렌지주스, 또는 맥주를 마셨다. 또띠아를 넣은 보까디요는 얼마나 맛있는지.

7년 전의 나는 목적지를 향해 바삐 걷느라 큰 즐거움을 찾지 못했는데, 이번 카미노는 목적지보다 과정을 즐기는 여유로운 여행이 되고 있다. 길 위에서 소소한 즐거움을 찾을 줄 아는 여유, 하루 일찍 숙소를 예약하고 걷다 보니 서두를 필요도 없고 천천히, 느리게 걸어도 좋았다.

폰테베드라에 도착해 찾아간 숙소는 성당 가까이, 도심 한가운데에 위치한 곳이었다. 트윈룸을 예약했는데, 더블베드 하나, 싱글베드 하나가 있었다. 나

는 더블베드를 지수에게 양보했다. 먼저 샤워를 하고 나온 지수는 온수가 나오지 않아 냉수샤워를 했다며 몸을 떨었다. 주인에게 물어보니 온수 밸브가 고장 난 것 같다며 조금만 기다려달라고 했다.

지수는 빨래방으로 빨래를 하러 가고, 나는 방에서 기다리는데, 오래된 건물이라서인지 습하고 퀴퀴한 냄새가 났다. 온수를 봐주러 온다는 사람은 오지 않았다. 더는 기다릴 수 없어 온수를 틀어보니 미지근한 물이 나왔다. 추워, 추워~ 하면서 미지근한 물로 머리를 감고 샤워를 했다. 그 사이 지수가 왔고, 우리는 주방으로 가서 라면을 끓여 먹을 냄비를 찾았다. 처음에 냄비를 찾았을 땐 없다고 하더니 온수 때문에 미안했던지 여주인은 어디선가 커다란 냄비를 가져다주었다. 인덕션에 신라면 두 개를 끓였다. 그리고 오는 길에 중국식당에서 사온 볶음밥과 함께 먹는데, 세상에, 이렇게 맛있을 수가!! 라면을 마지막 국물 한 방울까지 다 먹어 치웠다. 밖은 추적추적 비가 내리고, 라면 먹기에 완벽한 날이었다.

## 드라이플라워 맨

대성당 구경을 하고 나와 주민들에게 물어물어 노란 화살표를 찾았다. 성당에서 멀지 않은 곳에 카미노 표시가 있어 다행이었다. 다음 날 아침 일찍 떠날 것에 대비해 노란색 화살표를 찾아 나선 참이었다.

가랑비가 내리는 골목길을 걷는데, 불빛이 새어 나오는 곳이 있었다. 자연스럽게 발걸음이 그곳으로 향했다. 꽃집이었다. 나는 가게 문을 열고 안으로 들어섰다. 마른 꽃 냄새와 함께 가지각색의 드라이플라워들이 화병에, 양동이에, 벽에, 천정에 걸려 있었다. 실내에서는 귀에 익은 팝송이 흘러나오고 있었다.

나는 불빛과 꽃과 음악이 만들어내는 따뜻하고 아늑한 분위기에 취해 가게 안쪽으로 걸어 들어갔다. 이렇게 아름다운 꽃집을 하는 사람은 누굴까 궁금해하면서. 가게 안쪽에 한 남자가 있었다. 그는 등을 돌린 채 작은 화분에 꽃나무를 심고 있었다. 푸른색 스웨터 차림이었다. 나는 그 자리에 멈춰 서서 누가 들어오는 줄도 모르고 몰두해 있는 그의 뒷모습을 훔쳐보았다. 그 시간이 영원처럼 느껴졌다. 맞은편 거울에 그의 앞모습이 비쳤다.

"구경 좀 해도 될까? 꽃들이 너무 아름다워서…."

'네가 아름다워서'라고 차마 말하지 못했다. 그가 뒤돌아보며 고개를 끄덕

였다. 턱수염과 구레나룻을 한 그의 미소가 아름다웠다. 꽃들을 매만지는 손은 얼마나 섬세할까 궁금했으나 그것으로 충분했다. 나는 꽃을 찍는 척하며 거울 속의 그를 찍었다. 가게를 나오며 생각했다. 이 길에서 누군가에게 꽃을 사서 선물한다면 꽃을 받는 사람은 바로 그여야 한다고. 드라이플라워맨. 나의 카를로스.

개들은 컹컹 짖었네

비가 내렸고 팔에 소름이 돋았네

꽃집에서 불빛이 새어나왔네

오래된 향기 가득한 벽에 천정에 마른 꽃들이 걸려 있었네

노래가 흐르고 있었네 Now and forever

퉁퉁 부어오른 발을 그만 내려놓고 싶은

화분에 꽃을 심고 있는 사람

그 굽은 등을 오래도록 바라보았네

그 등에 업혀 시들고 싶었네

노래가 끝나고 그가 뒤돌아볼 때

턱수염과 구레나룻이 웃고 있었네

꽃들이 예뻐서 그 미소에 입을 맞추고 싶었네

꽃을 만지는 그 손을 잡고 싶었네

분홍 달팽이가 되어 그의 손바닥에 난 길을 따라 걷고 싶었네

지금 내 귓속엔 파도가 넘실거리고 몸엔 유칼립투스 냄새 가득해

그가 심어 놓은 노란색 화살표를 따라

나는 걸어가네

마른 꽃송이 하나 얹고 느린 하루 속을 걷네

– 자시 「핑크 스네일」

# 11일차

Pontevedra-Caldas de Reis | 21km | Pension As Burgas Ii

## 관계라는 까칠하고 불편한

전날 밤 8시부터 잠든 탓인지 새벽 2시에 깨서 계속 뒤척였다. 옆 침대에서 가늘게 코 고는 소리가 들렸다. 다른 사람들이 깨지 않도록 조용히 침대에서 출판사 식구들과 카카오톡으로 업무를 처리하고, 일기를 썼다.

6시가 지나자 지수도 일어났다. 카페 문이 열리길 기다리느라 좀 더 숙소에 머물다가 7시가 조금 넘어 카페로 갔다. 카페콘레체와 크루아상을 시켰는데, 츄로스와 쿨피스처럼 생긴 음료도 함께 나왔다. 포르투갈과 스페인은 빵 인심이 후해서 매번 감동이다. 양이 많아 다 먹지 못하고 남은 빵은 배낭에 넣었다.

일기예보대로 비가 내리고 있었다. 우비를 단단히 챙겨 입었다. 성당을 지나 카미노 표시를 찾는 일은 어렵지 않았다. 전날 미리 봐두길 잘했다. 그러지 않았더라면 또다시 빗속에서 헤맬 뻔했다. 다리를 건너자 본격적인 순례길이 시작되었다. 따뜻하게 챙겨 입었음에도 오슬오슬 한기가 느껴졌다. 스페인 북쪽으로 올라가면서 기온이 많이 떨어진 것을 느낀다.

함께 걸으며 서로의 고민에 대해 이야기를 나누던 중, 지수는 자신에 대한 내 생각을 듣고 싶어 했다. 진지했다.

"솔직하게 말해도 돼? 난 네가 정말 똑똑하고 좋은 사람이라는 거 알아. 그

런데 딱 하나. 인간관계에서 조금만 더 유연해졌으면 해. 그동안 내가 지켜본 지수는 자기주장이 강한 사람 같아. 엇그제 소냐와 사브리나 일만 해도 그래. 그들은 화살표를 따라가는데, 넌 다른 길로 가겠다고 했잖아. 그때 난 사실 마음이 불편했어. 그러잖아도 미안했는데, 우리가 따라오지 않으니 그들과 함께하고 싶지 않은 거라고 오해했거든. 설사 틀린 길이라 해도 친구들과 그 길을 함께 갈 마음의 여유가 있었으면 해. 나를 내세우다 보면, 때로 가까운 사람을 불편하게 할 수도 있어."

지수는 내 말에 전적으로 동의했다. 혼자서 외국생활을 오래 하다 보니 스스로를 돌볼 수밖에 없게 된 상황, 그리고 그 때문에 자기주장이 강한 사람이 되었다는 것도 인정했다.

“괜찮아. 사람은 관계 속에서 배우는 거잖아. 진짜 큰 공부는 누군가와 사랑에 빠져보는 거지. 헤어날 수 없을 정도로 그 사람 속에 나의 모든 것을 던지다 보면 그로부터 얻는 게 분명히 있거든. 사람은 불완전한 존재니까.”

지수는 말없이 고개를 끄덕였다. 나는 그녀가 얼마나 속 깊은 사람인 줄 알기에, 애정이 담긴 나의 조언을 진심으로 받아들일 거라 믿는다. 그 후로 우리는 따로 걸었다. 지수가 앞서고, 나는 뒤처진 채 생각에 잠겨 걸었다. 나의 미숙함으로 인해 관계에 금이 간 사람들이 차례로 떠올랐다. 그렇다. 지수에게 한 이야기들은 곧 나 자신에게 하는 말이기도 했다.

# 순례길의 오아시스, 카페

이번 카미노의 반은 거의 비가 내리는 날들이다. 다리는 천근만근이고, 8킬로그램짜리 배낭을 멘 어깨는 무너져 내릴 것만 같다. 내가 왜 여기까지 와서 이 고생인가 싶다가도, 그럼 지금 돌아갈래? 묻는다면 노우! 라고 답할 것이다. 이 길은 내가 선택한 길이고, 한 걸음 한 걸음 걸어 스스로 완성하는 길이기 때문이다. 대부분의 순례자들이 절뚝거리면서도 걸음을 멈추지 않는 이유일 것이다.

도착 6km를 앞두고 빗줄기가 굵어졌다. 앞에 보이는 카페로 들어갔다. 지수는 앞서갔는지 보이지 않았다. 또르띠야에 틴토와인을 시켰다. 커다란 사발에 틴토와인이 가득 담겼다. 갈리시아 지방의 전형적인 홈메이드 와인이다. 와인에 또르띠야를 먹고 있을 때 비를 피해 한 무리의 순례자들이 카페로 들어왔다. 그중에 반가운 얼굴들이 보였다.

필립과 패트리샤였다. 순례길 첫날 알베르게에서 만난 호주 부부로, 우리는 길 위에서 날마다 마주쳤다. 걷는 속도가 비슷했다. 어디까지 가게 될지 몰라 예약하지 않고 다닌다면서도 결코 서두르는 법이 없었다. 그들은 지난밤 37유로에 뜨거운 물이 콸콸 나오는 호텔에서 잤다고 한다. 아, 뜨거운 물…. 내가 먹고 있는 걸 보더니 맛있어 보인다며 그들도 또르띠야에 틴토

와인을 시켰다.

카페는 순례길에 만나는 오아시스와 같다. 누군가는 비를 피하기 위해서, 누군가는 갈증을 해소하기 위해서, 또 누군가는 고단한 발을 내려놓고 휴식을 취하기 위해서 찾아오는 곳이기 때문이다. 카페에서 만난 순례자들끼리는 서로 정보를 교환하기도 하고, 그날의 길동무가 되어 함께 걷기도 한다. 7년 전 걸었던 프랑스길에서는 몇 시간이고 산길을 걸어야 할 때가 있었다. 물은 다 떨어져 가고, 갈증이 극에 달할 무렵 발견하는 카페는 큰 기쁨이었다. 포르투갈 해안길은 바다를 끼고 있어서인지 프랑스길에 비해 카페들이 많다. 크고 작은 파도가 밀려오는 것을 바라보며 마시는 커피 한 잔은 세상 그 무엇과도 바꿀 수 없는 즐거움이 되었다.

카페의 한쪽 벽난로에서는 장작이 타고 있었다. 누군가는 그 옆에서 젖은 옷을 말리고, 누군가는 식사를 하거나 와인을 마시며 비가 그치길 기다렸다.

## 12일차

Caldas de Reis-Padron | 18.6km | Albergue Camino Do Sar

## 난 곧 떠날 사람이니, 넌 너의 길을 가라

또 다시 빗길이다. 어제 저녁 무렵부터 쑤시기 시작한 오른쪽 다리의 통증이 심해졌다. 지수를 앞세워 보내고 절뚝거리며 혼자 걸었다. 어차피 오늘의 목적지까지는 그리 멀지 않으니 천천히 쉬면서 걸으면 된다. 이 길의 끝에서 자꾸만 관계에 대해 생각하게 된다. 소냐와 사브리나, 지수와 엮인 것들이 다시금 관계의 어려움을 깨닫게 한다.

소냐로부터 사브리나의 아버지가 돌아가셨다는 소식을 들었다. 사브리나가 길 위에서 그렇게 걱정하고 눈물을 흘렸는데, 끝내 떠나셨구나…. 소냐는 16km를 걷고 나머지 길은 택시를 탔다고 했다. 사브리나는 혼자 걸어오는 중인데, 아버지를 잃은 그 마음이 어떨지 헤아려졌다. 나는 사브리나에게 메시지를 보내 조의를 표하고 고인의 명복을 빌었다. 그녀는 아버지가 더 이상 고통받지 않는 세상으로 가셔서 기쁘다고 답했다. 그런데 놀라운 것은, 우리 같았으면 아버지의 부고를 듣고 부랴부랴 돌아가는 비행기 티켓부터 알아봤을 텐데, 저녁 늦게 카페에서 만난 사브리나는 아버지를 잃은 딸의 모습이 아니었다. 오히려 그녀는 홀가분해 보였다.

사브리나는 며칠 전 이런 말을 했었다. 아버지가 몹시 위독한 상태라는 것을 알고 카미노를 그만두고 돌아가겠다고 하자, 그녀의 아버지는 이렇게 말

씀하셨다고 한다.

"계속 걸어라. 난 곧 떠날 사람이니, 넌 너의 길을 가거라."

어떤 사람이 죽음을 목전에 두고 딸에게 이런 말을 할 수 있을까. 자신의 죽음을 객관화시키고, 딸이 멈추지 않고 계속 길을 걷게 하려는 그 마음은 어디서 오는 걸까. 그녀는 예정대로 카미노를 마치고 토요일에 귀국해서 가족들을 보러 가겠다고 했다. 그녀가 걷는 동안 아버지는 장례식을 마치고 화장될 거라 했다. 나로서는 이해하기 어려운, 적잖은 문화충격이었다. 대부분의 독일인이 이런 식으로 고인을 배웅하는지 궁금했으나, 그녀를 아프게 하는 질문이 될까봐 차마 묻지 못했다. 대신 우리는 늦도록 함께 와인을 마시고 이야기를 나누고 웃었다.

## 우리도 어느 날 포도나무처럼

*서는 것과 앉는 것 사이에는 아무것도 없습니까*

*삶과 죽음 사이는 어떻습니까*

*어느 해 포도나무는 숨을 멈추었습니다*

*- 허수경 「포도나무를 태우며」 부분*

서는 것과 앉는 것 사이, 삶과 죽음의 사이, 행복과 고통의 사이, 웃음과 울음의 사이, 기억과 망각의 사이, 당신과 나 사이. 얼마큼을 살아야 사이를 알아볼 수 없을 만큼 살았다고 할 수 있을까. 해마다 보랏빛 탐스러운 포도송이들을 생산해냈을 포도나무가 어느 날 숨을 멈추었다. 활활 타오르는 포도나무를 지켜보며 포도나무 이전의 시간과 이후의 시간을 생각하는 시인은, 죽음과 삶 사이의 시간을 궁금해한다.

건강보험을 가지고 있지만, 아프고 늙어가는 우리도 어느 날 포도나무처럼 숨을 멈추게 될 것이다. 마지막 숨을 몰아쉬는 순간 떠오르는 얼굴은 몇이나 될까. 사무치는 얼굴 따위를 떠올리지 않으려고 아버지는 저렇게 기억을 하나씩 잃어가는 걸까. 크리스마스 가족 파티에서 와인 몇 잔이 들어가자 "내가 어렸을 적에"를 늘어놓으시던 아버지. 오랜만에 말문이 트인 아버지를 아무도 말리지 못한 것은, 아버지라 부를 시간을 더 이상 빼기고 싶지 않아서였는지도 모른다. 그래서 취한 아버지를 일찌감치 안방에 눕혀둔 채 우리는 먹고, 마시고, 웃고 떠들었는지도 모른다. 늙은 포도나무 같은 아버지를 초라하게 보내지 않으려고.

## 13일차

Padron-Santiago de Compostela | 25km | Hotel A Tafona do Peregrino

Capitulum huius Almae Apostolicae et Metropolitanae Ecclesiae Compostellanae, sigilli Altaris Beati Iacobi Apostoli custos, ut omnibus Fidelibus et Peregrinis ex toto terrarum Orbe, devotionis affectu vel voti causa, ad limina SANCTI IACOBI, Apostoli Nostri, Hispaniarum Patroni et Tutelaris convenientibus, authenticas visitationis litteras expediat, omnibus et singulis praesentes inspecturis, notum facit: Dominam Han Hyojung hoc sacratissimum templum perfecto itinere sive pedibus sive equitando post postrema centum milia metrorum, birota vero post ducenta, pietatis causa, devote visitasse. In quorum fidem praesentes litteras, sigillo eiusdem Sanctae Ecclesiae munitas, ei confert.

Datum Compostellae die 25 mensis aprilis anno Dni 2019

Segundo L. Pérez López
Decanus S.A.M.E. Cathedralis Compostellanae

## 마지막 한 걸음은 천천히

여섯 시 반도 못 되어 출발했다. 산티아고 입성하는 날인데, 갈 길이 멀다. 간밤에 천둥번개가 치고 폭우 쏟아지는 소리가 들려 걱정했는데, 아침이 되니 빗줄기가 가늘어져 있었다. 사브리나, 지수, 그리고 나, 이렇게 셋이 함께 출발했다. 우리는 어둠을 더듬어 노란색 화살표를 찾아 나아갔다. 다시 굵은 비가 쏟아졌다. 근처 카페에서 아침을 먹고 나니 밖이 조금씩 환해지고 있었다.

비가 오락가락하는 길을 우리는 걷다 쉬고 걷다 쉬기를 반복했다. 사브리

나는 어느새 앞서가고, 지수와 나는 간격을 두고 걸었다. 아침 시간인데도 불구하고 카페가 보이면 들어가 와인 한 잔, 다음 카페에서 갈리시아맥주 한 잔을 마셨다. 오늘은 순례의 마지막 날이었고, 나는 가능한 한 늦게 산티아고에 도착하고 싶었다. 길가의 표지석에 적힌 거리가 짧아질수록, 내 여행도 짧아지고 있다는 사실이 아쉬웠다.

필립과 패트리샤 부부를 다시 만났다. 전날 밤 소냐와 사브리나와 함께 한 술자리에 그들도 있었다. 필립은 66살, 패트리샤는 65살이라고 했다. 나는 26년을 살고 이혼했는데, 46년을 살았다는 그들이 부럽고 존경스럽다고 말하자 필립이 말했다.

"나도 살아야 하나 말아야 하나, 날마다 길 위에서 생각하고 있지."

그러자 패트리샤가 말했다.

"내가 46년 동안 저 사람을 죽이지 않은 게 기적이라니까."

그녀의 강펀치에 필립이 배꼽을 잡고 쓰러졌다.

## 결혼이라는 것은

작은딸이 신혼생활을 갓 시작했을 무렵이다. 딸은 저녁마다 제가 차린 식탁 사진을 찍어서 보내곤 했다. 어느 날은 팽이버섯전에 된장찌개, 어느 날은 제육볶음에 계란찜, 어느 날은 어묵국에 고등어구이 사진을 보내왔다. 결혼 전에는 음식을 해본 적이 거의 없는 딸인지라 대견하고 기특해서 마구마구 칭찬해주었다.

"그런데 시간이 너무 오래 걸려요. 엄마는 이 힘든 일을 어떻게 해내셨어요?"

"요리는 외국어를 배우는 일과 같아. 날마다 해도 조금씩밖에 늘지 않는."

큰딸의 생일날, 멕시코 식당에서 함께 점심을 먹기로 했다. 아이들의 외할머니와 외할아버지도 함께였다. 평택에 사는 작은딸은 기차를 타고 제 언니의 생일케이크를 사들고 왔다. 식사를 하고 헤어지는 시간. 좀 더 붙잡고 싶었으나 집에 가야 한다며 돌아서는 아이 뒤에서 나는 눈물을 쏟고 말았다. 결혼 후 텅 빈 딸의 방을 들여다보면서도 울지 않았는데, 비로소 딸이 내 곁을 떠났다는 것을 실감하는 순간이었다.

껌딱지처럼 날마다 붙어 다니며 시시콜콜한 것까지 나누던 동생이 제 집으로 간다며 돌아서자, 큰애도 마음이 좋지 않은 모양이었다. 늘 함께였던

엄마와 언니, 외할머니와 외할아버지랑 헤어져 혼자 돌아가는 작은애 맘은 오죽했을까.

오래전 나의 신혼 시절, 어느 날 잠에서 깨어 '왜 내가 이 낯선 곳에 낯선 사람과 함께 있지?' 하며 펑펑 울던 아침이 떠올랐다. 결혼은 익숙한 사람, 익숙한 일들로부터 결별해야 하는, 아이가 시간 걸려 해내는 음식만큼이나 어려운 일인 것 같다.

## 비 내리는 산티아고에 입성하다

산티아고에 가까워질수록 빗줄기가 거세졌다. 카페에 들러 비를 피하고 싶었지만, 그보다는 어서 숙소에 도착해서 샤워하고 쉬고 싶었다. 늘 그랬다. 마지막 한 걸음이 가장 힘들다. 힘내자. 이제 거의 다 왔으니.

멀리 산티아고 대성당이 보였다. 마침내 산티아고 데 콤포스텔라에 도착한 것이다. 예수의 12제자의 한 사람인 야고보, 즉 산티아고의 시신이 안치된 곳, '별들의 들판'이었다. 내가 이곳에 두 번씩이나 오게 되리라고 상상이나 했을까. 4월이었지만, 길 위에서 봄 여름 가을 겨울을 모두 겪었다. 290km의 거리를 천천히, 그러나 하루도 빠짐없이 걸었다. 빗줄기는 세차게 두 뺨을 두드렸고, 너무 춥고 떨려서 도착의 감격이나 기쁨을 누릴 여유가 없었다. 배낭과 옷들이 온통 비에 젖어 무거웠다. 어딘가에 도착한다는 것은 그간 걸어온 삶의 무게를 모두 떠안는 것이 아닐까 생각했다.

프랑스길, 은의 길, 북쪽길, 포르투갈 길 등 모든 루트에서 온 사람들이 대성당 앞으로 모여들었다. 어떤 이는 얼싸안고 기쁨을 나누기도 하고, 어떤 이는 망연히 성당을 바라보고 있었다. 대성당 앞에서 필립과 패트리샤 부부를 다시 만났다. 우리는 서로를 격려하고 축하해주며 함께 사진을 찍었다. 소냐와 사브리나는 보이지 않았다.

새로 이사한 순례자사무실을 찾아갔다. 7년 전의 허름한 사무실이 아니라 새로 지은 근사한 현대식 건물이었다. 3,40분을 기다려 순례자증명서를 받았다. 2유로 주고 증서를 담는 통도 샀다. 함께 오고 싶어 했으나 오지 못한 두 사람에게 줄 가리비도 샀다.

지수가 쇼핑을 하는 동안 나는 대성당으로 산티아고 상을 만나러 갔다. 줄이 길었으나 금세 내 차례가 되었다. 나는 그를 뒤에서 껴안으며 딸의 순산과 부모님의 건강, 그리고 나의 행복을 빌었다. 성당 내부는 공사 중이라 개방되지 않았고, 미사도 없었다. 7년 전의 모습과 달라 아쉬웠지만, 불평할 일은 아니었다.

## 소냐와 사브리나를 다시 만나다

호텔로 돌아가기 전 지수는 아예 저녁을 먹고 가자고 했다. 우리는 고르고 골라 썩 괜찮아 보이는 타파스 집으로 들어갔다. 그곳에서 에피타이저로 알바리뇨 와인 한 잔에 참치와 감자, 앤쵸비가 믹스된 샐러드를 시켜 먹었다. 두 번째 메뉴를 시키려 할 때 지수가 눈짓으로 문 쪽을 가리켰다. 뒤돌아보니 세상에! 수냐와 사브리나가 들어오고 있는 것이 아닌가!!

내내 궁금했다. 산티아고에서 만찬을 함께 하자고 했던 터라 그들이 어디에 있는지 연락을 해보려던 참이었다. 그들과 작별인사도 없이 헤어지고 싶지 않았다. 미리 약속한 것도 아닌데, 수백 개나 되는 레스토랑과 카페 중에서 하필이면 우리가 있는 곳으로 찾아 들어오다니!

우리는 서로 부둥켜안고 기뻐했다. 합석하여 마지막 만찬을 즐겼다. 소냐는 타파스를 종류별로 시켰고, 우리도 새우 타파스 등 몇 가지 메뉴를 추가로 주문했다. 나는 두 번째 알바리뇨를 시켰고, 소냐네는 레드와인 한 병을 시켰다. 우리는 이 길에서 만난 인연과 행복에 대해 얘기를 나눴다.

생각해보니 내 삶에서 쉬운 길은 없었던 것 같다. 하지만 내가 여기까지 올 수 있었던 것은 항상 나를 지지해주고 격려해준 가족과 친구들 덕분이었다. 이 길에서도 그랬다. 나를 걷게 하고 웃게 한 친구들 Sonia Benn, Sabrina

Hund, Pablo Santamaría Fernández, Philip과 Patricia Van Den Berg, Stefanie Kloeters, 그리고 나의 영원한 카미노 친구 지수 덕분이었다. 그들이 아니었다면 더 멀고 외로운 길이 되었을 것이다. 소냐는 내가 빌려준 무릎보호대를 돌려주겠다고 했으나, 나는 선물로 간직해달라고 했다. 우리는 언젠가 다시 만날 것을 약속하며 뜨겁게 포옹했다.

## 추운 세탁방에서

다시 숙소로 돌아가 샤워를 하고 빨랫감을 챙겨 라스트 스탬프(The Last Stamp) 근처에 있는 세탁방에 왔다. 라스트 스탬프는 7년 전 이곳 산티아고에 왔을 때 머물렀던 숙소이다. 무척 깨끗하고 친절한 곳이었는데, 다시 보니 반가운 마음이 일었다. 다시 비가 내렸고, 세탁방은 여닫는 문이 없어 차가운 공기가 실내까지 들어왔다. 춥고 졸렸다. 겨우 세탁을 마치고 드라이어를 돌리는데, 2유로를 넣은 작은 드라이어에서는 옷이 젖은 채로 나왔다. 다시 3유로를 넣고 큰 드라이어에 빨래를 넣자 그제야 작동이 되는지 드라이어의 유리문이 따뜻해졌다. 따뜻한 유리문에 차가운 등을 기댔다.

13일이라는 짧은 순례길 여정도 끝이 났고, 이곳은 다시 겨울을 만난 듯 춥다. 7년 전 첫 번째 순례길을 마치고, 나 자신이 조금은 변화되었음을 느꼈다. 두 번째 순례길을 마친 지금 몹시 춥고 고단하지만, 내 삶에서 다시 혹독한 겨울을 만나더라도 살아낼 수 있을 것 같다. 나는 이 길 위에서 내가 충분히 강한 사람이라는 것을 확인했고, 행복해지는 법을 배웠기 때문이다. 내가 추울 때 누군가의 온기에 기대기도 하고, 누군가에게 나의 온기를 나눠주는 법도 배웠다.

사브리나의 아버지는 딸이 돌아오는 것을 보지 못하고 돌아가셨다.

"딸아, 나는 어차피 떠날 사람이다. 너는 너만의 길을 가라."

내게도 귀한 화두를 던져주고 떠나신 그분의 명복을 빈다.

길 위에서 함께한 모든 친구와 바다와 강, 유칼립투스나무와 새들과 달팽이들아, 고맙다.

*걷는 게 고역일 때 길이란 해치워야 할 거리일 뿐이다**

*달팽이도 처음엔 발을 가졌을 것이다*
*두 발로, 혹은 백 개의 발로 걷거나 뛰어다녔을 것이다*
*발과 집을 바꾸면 생이 이리도 무거워집니까?*

*길 위에서 모든 계절을 만났다*
*아픈 아버지 때문에 울며 걷는 사브리나를 만났다*
*딸아, 나는 곧 떠날 사람이다 너는 너만의 길을 가라*
*발을 내려놓으면 생은 가벼워집니까?*

*사브리나의 아버지는 이틀 전 세상을 떠났다*
*그녀는 집에 돌아가지 않았다 울지도 않았다 와인을 마시며 웃고 떠들었다 그가 고통 없는 세상으로 가서 기뻐 딸은 맨발로 춤추며 야고보의 무덤을 향해 갔다*

*산티아고 데 콤포스텔라는 발들의 들판이었다 물집 잡힌 발, 발톱 빠진 발,*

*까맣게 타들어간 발… 거리음악가가 대성당 앞에서 기타를 연주했다 가만히 서 있기만 해도 닳는 발이 그곳에 있었다 순례자들은 그 발에 입을 맞추고 쓰다듬었다*

*그녀는 이제 따뜻한 욕조를 그리워하지 않을 것이다 바다를 찾았으니 유칼립투스나무와 새들의 눈빛으로 달궈진 바다에 뛰어들리라 오래 걸어온 발을 뜨거운 바다에 적시리라*

*사브리나는 아버지의 재를 안고*
*수화를 배우러 떠났다*

– 자시 「사브리나의 선택」
* 황인숙 시 「세상의 모든 비탈」 부분

SANTIAGO

SANTIAGO

QUARTOS / ROOMS

# Chapter 3
## 리스본에서

## 리스본공항에서 배낭을 분실하다

배낭을 분실했다. 산티아고에서 마드리드를 거쳐 리스본으로 날아와 공항의 수하물 찾는 곳(baggage claim)에서 기다리는데 나오지 않는 거다. 혹시 벨트 번호를 잘못 봤나 싶어 확인했으나 틀림없다. 분명히 산티아고공항에서 짐을 부칠 때 확인했고, 수하물 번호까지 받은 터였다. 이런 일이 종종 있는지 분실물센터 앞에는 사람들이 줄지어 서 있었다. 담당직원은 내 비행기 티켓과 수하물 번호를 확인하더니 실수가 있었던 것 같다며 찾는 대로 내가 묵는 호스텔로 보내주겠다고 했다.

숄더백만 멘 채로 공항버스를 탔다. 배낭이 없으니 오히려 홀가분했다. 배낭은 그들의 손에 있으니 그들이 알아서 해결할 일이다. 가볍게 움직이는 내가 현지인처럼 느껴졌다. 4유로를 내고 탄 공항버스는 시내까지 한 시간도 더 걸렸다. (가이드북에는 30분 정도 걸린다고 나와 있었다.) 주말이었고, 시내는 자동차와 버스와 트램, 사람들로 혼잡했다. 리스본 공항에서 새로 구입한 보다폰 유심(3GB/3유로)으로 갈아 끼우고 검색해보니 내가 가야 할 숙소는 1km 반경 내에 있는데, 공항버스는 시내를 빙빙 돌고 있었다. 공항버스 내에는 목적지를 표시하는 전광판도 보이지 않았다. 그저 운전기사가 내릴 곳의 지명을 단 한 번(두 번도 아니고) 소리치면 사람들은 알아서 내렸다. 나는 발음

을 알아듣기 힘들어 몇 번이나 운전기사에게로 가서 내려야 할 Restauradores를 보여주어야 했다. 포르투갈어로 '헤스타우라도레스'라는 것을 알았기에 망정이지 '레스토라도레스'라고 읽었다면 나는 영원히 버스에서 내릴 수 없었을지도 모른다. 붐비는 인파와 차량으로 인해 버스는 거북이처럼 느리게 움직이고 있었다.

리스본으로 오니 날씨가 겨울에서 봄으로 바뀌어 있었다. 리스본의 첫인상은 포르투와 조금 달랐다. 버스와 트램과 자동차와 사람들로 빽빽이 들어찬, 좀 더 붐비고 복잡하지만, 그 모습조차도 너무 예뻐서 모두 눈에 담고 싶은 풍경이었다.

기념품 가게 안으로 들어서자 호스텔로 들어가는 문이 있었다. 1층은 가게로, 2,3,4층은 숙소로 쓰는 것 같았다. 숙소에서 타월을 빌리고, 같은 방에 머물게 된 한국인 여행자 은혜 씨한테서 샴푸와 비누를 빌려 샤워를 했다. 서너 명의 스태프가 이곳에서 일하고 있었는데, 이들은 하나같이 쾌활하고 친

절했다. 손님을 진심으로 대하는 게 느껴졌다. 여행자들을 보살피고, 여행자들과 대화하는 것을 즐기는 사람들 같았다. 나는 배낭을 잃어버렸음에도 불구하고, 그들 덕분에 기분이 좋아졌다.

그곳에서 대구요리가 나온다는 저녁식사를 5유로에 예약했다. 7시가 되자 파티가 시작되었다. 여행자들을 위한 파티였다. 1유로만 내면 샹그리아와 맥주를 무한대로 마실 수 있었다. 세계 각지에서 온 여행자들은 삼삼오오 로비에 모여 샹그리아나 맥주를 마시며 여행 정보를 공유하기도 하고, 한쪽 구석에서는 기타 치며 노래 부르고 춤을 추었다.

## 조세, 줄리아와 함께 파두공연을

상그리아를 마시며 테이블 구석에서 일기를 쓰고 있을 때, 내가 앉아 있는 테이블로 두 여자가 다가왔다. 캐나다에서 온 조세와 모스크바에서 온 줄리아라고 했다. 맥 라이언을 닮은 조세는 59번째 생일을 기념하여 생애 처음으로 혼자 여행을 왔다며 행복하다고 했다. 그녀는 영어가 서툴어 자주 더듬거렸는데, 그 모습조차도 사랑스러웠다.

우즈베키스탄에서 나고 자라 교육받고, 지금은 모스크바에서 직장생활을 하고 있다는 줄리아는 28살의 당찬 여성이었다. 그녀는 내일이면 포르투에

서 산티아고 순례길을 시작할 거라며, 이제 막 순례를 마치고 돌아온 나에게 궁금한 것이 많았다.

우리는 숙소에서 함께 저녁을 먹고 의기투합하여 파두공연을 보러 밤거리를 나섰다. 밤의 리스본은 여전히 붐볐다. 골목마다 식당과 카페들이 즐비했고, 사람들로 북적거렸다. 파두공연을 하는 어느 식당에서는 인당 20유로씩을 요구했다. 이미 식사를 마친 우리는 공연 관람만 할 수 있는 곳을 찾았다. 드디어 우리가 원하던 식당을 찾아 들어갔다. 나는 포트와인 한 잔을 시키고, 줄리아는 뿔뽀를 시켰다. 남자 둘과 여자 둘이 파두를 부르고 있었는데, 실내가 너무 어두워 잘 보이지 않았다. 그들이 부르는 파두는 어설펐고 심심했다. 그러나 그 어설픔마저도 여행의 흥분을 가라앉히진 못했다.

오르막과 내리막이 계속되는 골목을 돌고 돌아 숙소로 돌아오는 길. 자정이 가까워오는데 여전히 트램이 운행 중이었다. 환하게 불 밝힌 트램과 그 속에 탄 사람들이 무척 낭만적으로 보였다. 내일은 일어나자마자 트램부터 타야겠다고 생각했다.

나는 내일부터 순례를 시작할 줄리아를 위해 무언가를 해주고 싶었다. 숙소 직원에게 큰 종이 한 장을 얻어 그 위에 내가 걸었던 곳의 지명과 거리, 묵었던 숙소와 요금 등을 적고, 별점 등을 표시했다. 그리고 그녀에게 전해주며 "부엔 카미노!"를 빌어주었다. 내일부터 카미노를 시작한다는, 숙소에서 만난 한국 청년에게도 한 부 복사해 주었다.

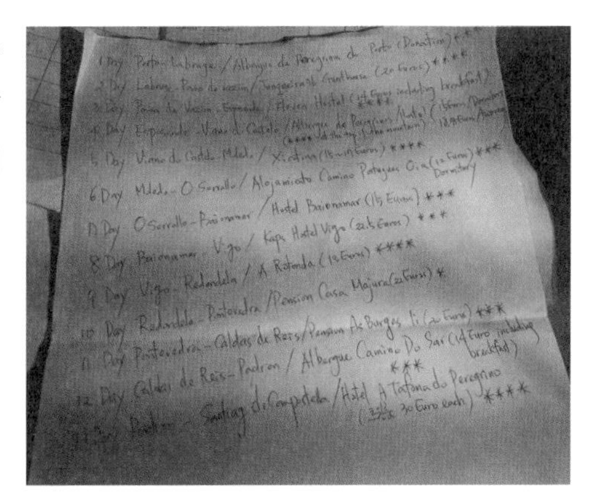

## 여행은 사람이다

리스본에 와서 가장 먼저 해보고 싶었던 일이 있었다. 그것은 28번트램을 타는 일이었다. 영화나 사진에서 보던 리스본의 좁은 언덕길을 오르내리는 노란색 트램 속 주인공이 되고 싶은 로망이 첫 번째 이유였을 것이다. 오전 9시경 코메르시우광장 쪽으로 걸어 내려가는데, 때마침 28번트램이 천천히 다가오고 있었다. 나는 트램을 향해 열광적으로 두 손을 흔들었다. 그러나 기관사는 나를 못 본 척 지나가 버렸다. 정류장이 아니기에 당연한 일이었겠지만, 왠지 섭섭했다. 분명 나와 눈을 마주쳤으면서, 정류장 쪽을 가리켜주기라도 하면 뭐, 손가락이 덧나나.

포르투갈 사람들은 대체로 친절한 편이지만, 그렇지 않은 사람도 있다. 이 일을 좋아서 하는 게 아니라는 걸 증명하듯 대놓고 불친절한 사람들이 있다. 리스본공항에서 유심을 구입할 때 여직원이 그랬고, 몇몇 레스토랑이나 카페 직원이 그랬다. 늘 여행자들을 상대해야 하는 이들의 피로도를 이해는 하지만, 기왕이면 친절하게 대하는 것이 손님에게도, 자신에게도 행복한 일이 아닐까.

내가 묵는 호스텔 직원들은 친절이 몸에 밴 사람들 같았다. 여행자들을 진심으로 가족처럼 대했다. 여행자의 이야기를 잘 들어주고, 정보를 원하면

SANTA LUZIA

그 자리에서 검색을 해서 찾아주었다. 어제는 여성 스태프 한 명과 포르투갈의 파두에 대해 이야기하다가 한국의 판소리로 이어졌다. 두 음악에는 비슷한 정서가 있는 것 같다며 나는 유튜브에서 손소희의 노래를 찾아 들려주었다. 그녀는 아름답다고 연신 감탄하면서, 나중에 꼭 찾아서 다시 듣고 싶다며 이름을 적어달라고까지 했다. 자신의 일을 진정으로 사랑하지 않고서는 할 수 없는 일이다.

호스텔에서 만난 우리나라 여행자들은 달랐다. 리스본에 온 첫날 나는 배낭을 분실하고, 순례길의 여독이 풀리지 않은 채 도착한 시간이 저녁 무렵이어서 배도 고팠다. 그곳 주방에서 한국인 여행자들을 만났다. 7,8명쯤 되는 한국인 중년 부부들이었다. 나는 반가운 마음에 인사를 건넸다. 그들은 저녁으로 비빔국수를 준비하고 있었는데, 식사 담당인 듯한 여자가 어정쩡하게 인사를 받으며 갑자기 국수 그릇을 뒤로 감추는 것이다. 마치 빼앗기지 않겠다는 듯. 어처구니없는 그녀의 행동에 쓴웃음이 나왔다. 그 후로 그들은 나를 만나도 눈길을 피하고, 자기들끼리만 큰 소리로 떠들고 방문을 쿵쿵 소리 내어 열고 닫았다. 그들은 왜 이곳에 온 걸까. 그럴 바엔 에어비앤비를 가던가 호텔을 갈 일이지. 각국의 여행자들이 모이는 호스텔에서 뭐 하는 건지, 오히려 내가 부끄러웠다.

여행은 사람이고 관심이다. 단지 풍경이 아름다워서 그곳을 찾는 게 아니라, 풍경 못지않게 아름다운 사람들이 있어서 자꾸만 여행을 하게 되는 것이다.

## 빨래가 바람에 펄럭이는 것을 보다가

정류장에서 긴 줄을 기다려 28번트램을 탔다. 이른 아침인데도 트램은 발 디딜 틈 없이 붐볐다. 자리에 앉아 여유롭게 리스본 시내를 구경하려던 환상이 무너지는 순간이었다. 하지만 얼마를 가다 보니 사람들이 내렸고, 자리가 생겼다. 포르투에서도 느낀 거지만, 트램은 타는 것보다 밖에서 보는 것이 더 아름답다.

리스본대성당을 지나자 기관사는 모두 내리라는 신호를 보냈고, 탑승객들은 모두 내렸다. 종점인 것 같았다. 갑자기 낯선 곳에 내려 무얼 해야 할지 몰라 일단 커피 한 잔 하며 생각해보기로 했다. 길가에 있는 카페로 들어가, 카페콘레체 한 잔과 나타(에그타르트) 한 개를 주문했다. 포르투갈의 나타는 어디서든 감동이다. 이름난 곳이 아니라도 그들은 언제든 맛있는 나타를 내놓는다. 이곳에서 배워가고 싶은 레시피가 있다면 나타와 대구 요리법이다.

천천히 걷기로 했다. 가는 곳이 어디든 이곳은 이국이고 나는 여행자이다. 어느 것 하나 새롭지 않은 것이 없을 터였다. 골목길을 걷고 또 걸었다. 1755년 대지진이 일어났을 때 유일하게 지진의 피해를 입지 않았다는 알파마지구는 서민들의 거주 지역이면서, 여행자들이 많이 찾는 곳이기도 하다. 낡은 아줄레주 타일들이 박혀 있는 집집의 난간마다 빨래들이 바람에 펄럭이

고 있었다. 골목마다 기념품 가게가 즐비했다. 가게를 운영하는 이들은 대부분 이민자들로 보였다. 그들은 짧은 영어로 물건을 하나라도 더 팔아보려고 애쓰고 있었다.

내가 떠나온 곳의 일상과 하나도 다를 게 없었다. 생활의 냄새를 짙게 풍기는 이곳에서 나는 여행을 시작한 이래 처음으로 외로움을 느꼈다. 친구나 가족, 커플과 함께 하는 여행자들이 부러워서가 아니었다. 집에 돌아가고 싶었다. 그냥 내 가족에게로 돌아가고 싶은 마음이 불현듯 든 것이다. 포르타스 두 솔 전망대에서 푸른 바다와 주황색 지붕들을 내려다보다가, 그 지붕 아래에 사는 사람들을 생각하다가, 이제 그만 내 지붕 아래로 돌아갈 때가 되었다고 생각했다. 떠나고 싶었던 마음을 충족시키고 다시 일상으로 복귀하게 하는 것. 그것이 여행의 궁극인 것 같다.

RUA
NORBERTO
ARAUJO

33

Bagsitter
Bagsitter
ATM

## 사진을 팝니다

걷다 보니 리스본의 유명한 벼룩시장인 도둑시장이 나왔다. 어떻게 해서 도둑시장이라는 이름이 붙여졌는지 모르겠으나 제법 큰 규모였다. 이 빠진 접시, 너덜너덜해진 책, 고장 난 시계, 팔다리가 다 빠진 인형 등 우리 같으면 진즉 쓰레기통으로 들어갔을 물건들을 그들은 갖고 나와 팔고 있었다.

눈길을 끄는 것이 있어 다가갔다. 낡은 흑백사진들이 담긴 상자였다. 뒤적거려보니 수영복을 입고 바다를 배경으로 활짝 웃고 있는 가족사진도 있었고, 어린아이들의 사진도 있었다. 그들에겐 소중한 추억을 담고 있는, 그러나 가족이 아니면 아무도 거들떠보지 않을 사진들이었다. 도대체 왜 이런 사적인 사진들을 가지고 나온 걸까.

아버지가 다니시는 데이케어센터에서 미술관으로 소풍을 간다고 했다. 한 가지 숙제가 주어졌다. 자신이 아끼는 옛날 물건을 하나씩 가져오라고 했다. 아마도 그걸로 옛 기억을 되살리려는 의도인 것 같았다. 부모님이 이사 오실 때 오래된 물건들을 정리한 터라 가져갈 만한 것이 없었다. 뒤져보니 오래된 가족사진 한 장이 나왔다. 아버지께 식구들을 하나하나 짚어가며 이름을 불러보시라 했더니, 천천히 기억을 더듬어 한 사람씩 호명하셨다. 그런

데 얘는 누군지 모르겠네. 아버지의 손가락이 한 곳에 오래 머물러 있었다. 오래전 세상을 떠난 막내였다. 막내보다 훨씬 전에 돌아가신 할머니 할아버지 이름까지도 기억하는 아버지가 23년을 키워온 당신의 막내딸은 기억하지 못하셨다. 먼저 떠난 자식을 가슴에 묻고 사는 어머니는 이 일을 몹시도 슬퍼하셨다.

박스에는 'photos 50cents'라고 쓰여 있었다. 한 장에 50센트인지, 한 박스에 50센트인지 모르겠지만, 문득 사진들을 가지고 나온 사람은 자신의 추억을 팔고 싶었는지도 모르겠다는 생각이 들었다. 추억 하나에 50센트라니 너무 싼 게 아닐까 싶다가, 나의 추억은 얼마짜리일까 궁금해졌다.

## 괴물파도를 만나러 나자레에 가다

나자레(Nazare)에 왔다. 리스본에서 버스로 두 시간. 세계에서 가장 유명한 서퍼들의 천국이자 '괴물파도(Monster waves)'를 만날 수 있다는 소냐의 한마디에 꽂혀서 이곳을 찾았다. 나자레는 생각보다 작은 어촌마을이었다. 복잡한 대도시와는 동떨어진 한적하고 평화로운 곳이었다. 마을의 주황색 지붕들이 푸른 바다와 잘 어울렸다. 사람이 많지 않아서 좋았고, 바다가 품고 있

는 마을이 온순해보여서 좋았다. 이런 바다가 괴물파도를 몰고 온다니 믿을 수 없었다. 통통하고 사람 좋아 보이는 얼굴을 한 이곳 여성들은 중세에서 온 사람들처럼 짧은 스커트에 망토차림의 전통복장을 하고 있었다.

나자레의 지도를 얻기 위해 들른 여행안내센터에서는 겨울에나 와야 '몬스터 웨이브'를 만날 수 있을 거라 했다. 아무래도 좋았다. 푸니쿨라를 타고 윗마을로 가는 동안, 나는 이 마을에 홀딱 반하고 말았다. 아래로 내려다보이

는 어촌마을의 아름다운 풍경에, 내가 가진 동전이 조금 모자란데도 됐다며 요금을 깎아준 푸니쿨라 기관사의 넉넉한 인심에.

절벽 아래로 검푸른 파도가 나를 삼킬 듯 달려들고 있었다. 그 거친 파도가 좋았다. 올 테면 와보라지. 나는 준비된 서퍼처럼 두 주먹 꼭 쥐고 바다를 노려보았다. 그 어떤 깊은 수심이 겨울이면 바다에 거대한 파도를 띄워놓는 걸까. 어떤 영혼의 끌림으로 서퍼들은 집채만 한 파도의 한가운데에 자신을 던져놓는 걸까.

절벽 끝에서 두 여자가 열렬히 키스를 나누고 있었다. 그들 뒤로 거대한 괴물파도가 몰려오는 것을 본 것도 같았다. 우리는 모두 인생이라는 파도에 몸을 실은 여행자이다. 어떤 불가능한 마음도 이곳에서는 받아들이지 못할 게 없을 것 같았다.

다시 푸니쿨라를 타고 아랫마을로 내려와 식당을 찾았다. 이곳에서 드디어 우리의 해물탕과 같은 아로즈 마리스코를 먹을 수 있었다. 식당 주인은 1인분의 주문을 흔쾌히 받아주었다. 게다가 앙증맞은 도마와 작은 망치를 가져와 해물 발라먹는 법도 알려주었다. 옷 버릴까 봐 나에게 앞치마까지 둘러주면서. 게와 조개, 새우는 싱싱했고, 탕 속에 나온 밥은 얼큰했다. 얼마나 허겁지겁 먹었는지 누군가 나를 지켜봤다면 사흘은 굶은 사람처럼 보였을 것이다. 비뇨틴토 두 잔이 나도 모르게 술술 들어가고 있었다.

## 바깥에 갇히다

자정이 다 된 시각, 화장실에 갔다가 방에 들어가지 못하는 일이 발생했다. 편안하게 여행을 마무리하고 싶어 1인실이 있는 호스텔로 옮긴 탓이었다. 나자레로 당일 여행을 다녀와 저녁 9시가 되어서야 체크인을 한 나에게 여성 스태프는 카드단말기가 고장 났다며 현금으로 결제할 것을 요구했다. 나는 남은 돈을 탈탈 털어 현금 결제를 해야 했다.

그녀는 방을 안내해주겠다며 계단을 한참이나 올라갔다. 이곳의 계단들은 어찌나 높고 가파른지, 8킬로그램이 넘는 배낭에 숄더백까지 멘 내가 헉헉거리자 이제 한 층만 가면 꼭대기 층에 있는 방이 나온다고 했다. 마침내 내 방으로 보이는 객실 앞에 다다랐는데, 그녀는 방문을 잘 열지 못해 헤맸다. 몇 번의 시도 끝에 마침내 문이 열렸고, 그녀는 "여기가 전망이 가장 좋은 방이야. 푹 쉬어."라는 말을 남기고는 다시 나무계단을 삐걱거리며 내려갔다.

방은 제법 컸고, 더블침대였다. 무엇보다 마음에 드는 건 거리를 내려다볼 수 있는 발코니가 있다는 것이었다. 내 방 맞은편에는 웅장하고 아름다운 카르모수녀원이 자리하고 있었다.

그런데 다시 방문이 열리지 않는 거다. 그것도 한밤중에. 화장실에 다녀오는 길이었다. 나는 몇 번이나 문을 열려고 했으나 열쇠 돌아가는 소리는 나

는데 열리지 않았다. 순간 이상한 생각이 들었다. 그 사이에 누군가가 내 방에 침입한 걸까. 오싹 소름이 돋았다. 베란다 쪽으로 들어온 걸까. 도둑이라면 도망칠 기회를 주기 위해 나는 일부러 큰소리를 내면서 문을 열려고 했다. 여전히 문은 열리지 않았다.

문득 내가 방을 잘못 찾은 건 아닐까 하는 생각이 들었다. 무슨 놈의 숙소가 층수도 방 번호도 없단 말인가. 옆방을 기웃거렸으나 그 방은 아니었다.

시간은 자꾸만 흐르고, 이러다 밖에서 밤을 새야 하는 상황이 벌어질 판이었다. 반팔차림이라 춥기까지 했다. 직원들은 이미 퇴근했을 시간이어서, 누군가 한밤중의 소란에 문을 열어보기라도 한다면 도움을 청할 참이었다. 그러나 구원자는 나타나지 않았다.

나를 바깥에 세워두는 이 시간이 끝나지 않을 것 같았다. 막막했다. 오랫동안 바깥에 서 있었던 것처럼 느껴졌다. 내가 원해서 밖으로 나왔으니, 안으로 들어가는 방법도 스스로 찾을 일이었다.

나는 프런트가 있는 1층으로 내려갔다. 예상대로 그곳엔 아무도 없었다. 호스텔 직원에게 어떻게 연락해야 하나 싶어 프런트를 기웃거리고 있을 때, 한 남자가 화장실에서 나왔다. 야간근무 하는 직원이라고 했다. 반가운 마음에 그에게 자초지종을 털어놓았다.

그는 고개를 갸웃거리며 올라가 보자고 했다. 그리고 두 번의 시도 끝에 문을 여는 데 성공했다. 내가 놀라서 눈을 동그랗게 뜨자, 이 방은 방문 손잡이를 세게 잡아당기면서 열어야 한다고 친절하게 일러주었다. 이런~ 여직원은 왜 그 얘길 안 해준 거지? 잘 자라고 웃으며 인사하는 남자직원이 천사 같았다.

# 벽

로맹가리의 단편소설 「벽」을 읽었습니다. 참으로 어처구니없는 이야기입니다. 저 역시 이따금씩 벽을 사이에 두고 옆집에서 들려오는 소리에 귀를 기울이는 청음증(?) 환자가 되기도 합니다만, 소통의 부재가 이토록 무서운 오해를 불러일으킬 수 있다는 사실에 경악할 뿐입니다. 스무 살 청년은 도대체 '천사같이 아름다운 그녀'에게서 무엇을 바랐던 걸까요. 벽을 사이에 두고 그녀가 누군가와 '쾌락에 겨운 신음소리'를 내는 동안 절망에 빠진 청년은 참지 못하고 커튼 줄을 뽑아 목에 감았지요. 사람은 자기가 보고 싶은 대로 보고, 듣고 싶은 대로 듣게 되는 어리석음을 범하기도 합니다. 만일 옆방 처녀와 청년의 벽 사이에 작은 창, 아니 바늘만한 구멍이라도 있었다면 그 방에서 일어나는 사태를 알아차리고 그녀도 구하고 자신도 살릴 수 있었을 텐데요.

인간이 만든 벽이라는 것이 그렇게 무시무시한 것이더군요. 스스로가 세워놓은 벽을 사이에 두고 우리는 철저한 타인이 되어 살아갑니다. 누군가가 비집고 들어갈 바늘구멍 하나 허용하지 않은 채 말이에요. 그리고는 스스로가 쌓아놓은 벽에 둘러싸여 외로움과 고독으로 몸부림을 칩니다. 층계에서 마주칠 때마다 그녀에게 "안녕하세요?" 하고 인사라도 건넸다면 그녀 또한 비슷한 시간, 비소 중독으로 몸부림치며 죽어가지 않았을지도 모릅니다. 그녀 또한 벽을 사이에 두고 고독과 삶에 대한 혐오감으로 비극에 이르게 된 것이니까요.

예전 사무실 옆방에는 노인이 홀로 살고 있었습니다. 그를 찾아오는 사람은 거의 없었습니다. 여름에는 사무실 문을 열어둔 채로 있을 때가 많아 그가 지나다니는 것을 보기도 하지만, 문을 닫아두고 있는 겨울에는 이따금씩 벽에 의자 부딪치는 소리로 그가 그곳에 있다는 것을 알아채곤 했지요. 어떤 날은 벽 사이로 배어 나오는 담배 냄새로 그의 무사를 확인하기도 했어요. 어쩌면 그는 일부러 벽에 부딪치거나 담배 연기를 날림으로써 자신의 존재를 알리고 누군가와의 소통을 간절히 바라고 있었는지도 모르지만, 때론 그가 벽과 벽 사이에 구멍을 뚫어 놓은 게 아닌가 싶기도 했습니다.

오래 전 '진지한 관계'를 원한다는 사람으로부터 메일을 받았습니다. 몇 번인가 메일을 주고받다 보니 서로가 벽을 사이에 두고 이야기하고 있다는 것을 깨달았습니다. 나는 사과를 이야기하는데, 그는 돌멩이에 대해 말하고 있었습니다. 나는 동쪽을 향해 걷는데, 그는 서쪽으로 가고 있었습니다. 참을 수 없는 소통의 가벼움이었습니다.

한 사람이 다른 사람의 마음속으로 들어간다는 것은 히말라야의 고봉을 오르는 일만큼이나 험난한 여정입니다. 나는 때때로 고산병에 걸린 사람처럼 인간관계에서 멀미를 느낍니다. 진지한 '관계'를 원한다면서 자신을 안으로 닫아걸고는 상대가 그것을 열어주기를 바랍니다. 어쩌면 그가 바라는 '관계'와 내가 바라는 '관계'가 다른 것일 수도 있겠지요. 안에서 잠근 문은 스스로가 열어야지 밖에서 열 수 있는 것이 아닙니다. 어쩌면 스스로를 안에서 닫아걸고 누군가가 열어주기를 바라는 사람은 바로 나 자신이 아닌가 하는 생각이 드는군요.

# 세상에서 가장 맛있는 에그타르트

*포르투갈의 디저트 산업은 아랍이 설탕을 소개한 시기에 발전하기 시작했다. 중세를 거쳐 가며 수도원의 수녀와 수도승이 만들기 시작하였는데, 그 수도원이 바로 제로니무스 수도원이다. 수도승의 옷을 빳빳하게 만드는 데 달걀흰자를 사용하다 보니 남은 달걀노른자는 디저트 만드는 데 사용하게 되었고, 그때 발명한 레시피가 아직까지 이어져 오고 있는 것이다.*

*- 권호영 『반 박자 느려도 좋은 포르투갈』*

포르투갈 3대 나타(에그타르트) 집 중 하나라는 파스테이스 드 벨렘(Pasteis de Belem)에 갔다. 이곳에서 두 번 놀랐는데, 한 번은 가게의 규모에 놀라고, 또 한 번은 맛에 놀랐다. 가게 앞에는 나타를 픽업해가려는 사람들이 길게 줄을 서 있었다. 그곳에서 직접 먹으려면 줄을 설 필요가 없이 바로 안으로 들어가면 되었다. 사실 에그타르트는 어느 가게에서 먹어도 맛있었기에 별거 있겠어? 했는데 완전 달랐다! 겉껍질은 바삭하고, 안쪽은 따뜻하고 부드러운 게 입에서 살살 녹는데, 너무 달지도 않고 딱이었다.

이 가게의 메인 주방엔 세 사람만 들어갈 수 있다는데, 이들은 사고당할까 봐 같은 차도 안 타고, 함께 여행도 안 한다는데, 그 비법이 너무 궁금했다.

카페라떼 한 잔에 나타 세 개를 게 눈 감추듯 먹었다. 그러고도 4.5유로. 아, 다섯 개 시킬걸….

QUEUE
Fila

# 내 발목을 붙잡는 것들

한 달 동안 구글맵에 의지하여 길을 찾아다녔어도 나 같은 방향치는 가던 길 돌아서고, 왔던 길 다시 가기도 하는 일이 다반사였다. 누군가 나를 몰래 카메라로 찍고 있었다면, 제자리를 빙빙 도는 내가 뒤집힌 풍뎅이 같다고 생각했을 것이다.

여행 마지막 날인 오늘은 걷다가 공연히 길을 잃기도 하고, 아는 길을 일부러 돌아가기도 했다. 저마다 구글맵을 켜고 길 찾아다니는 모습이 우습기도 하고, 이게 무슨 여행이야, 하는 생각이 들어서다. 세상이 편리해져서 더 이상 여행자들은 현지인에게 길을 묻지 않는다. 당연히 대화도 나누지 않는다.

그릇을 사러 들어간 가게에서는 파두음악이 흘러나왔다. 손님 하나 없던 가게가 금세 사람들로 북적였다.

"그거 알아? 피리 부는 소년처럼 내가 가는 곳마다 사람들이 모여든다는 거?"

나의 너스레에 가게 주인은 제발 오래 머물다 가라며 맞장구를 쳐주었다. 나에게 어디서 왔느냐 묻고 자신은 미국에서 왔다고 소개한 여성 여행자는 노래에 맞춰 춤을 추었다. 그릇 가게가 축제 분위기가 되었다.

북적거리는 레스토랑 골목의 야외테이블에서 늦은 점심을 먹었다. 음식

을 기다리며 맥주 한 잔을 하는 동안, 두 명의 버스커가 노래를 부르고 아코디언을 연주하며 지나갔다. 아코디언맨의 어깨 위에는 작은 강아지가 동전 바구니를 물고 있었다. 강아지는 심통이 났는지 자꾸만 바구니를 떨어뜨렸

다. 오늘은 나도 너그러운 여행자가 되어 버스커들이 지나갈 때마다 모자와 동전바구니를 채워주었다. 오가는 사람들을 흘깃거리며 세상에서 가장 느린 속도로 점심을 먹었다. 다시 오지 않을 시간이 빠르게 지나가고 있었다.

해 질 무렵, 검은색 교복을 입은 리스본 대학생들이 거리공연을 하고 있었다. 이들은 악기를 연주하고, 발을 구르며 합창을 했다. 틀려도 당당했다. 젊다는 것은 틀려도 서툴러도 괜찮다는 것이다. 이들의 패기 넘치는 노래를 들으며 전율했다. 그들의 젊음이 너무 소중하고 아름다워서, 내가 지나온 그 시간을 되돌릴 수 없어서. 리스본은 떠나려는 사람의 발목을 붙잡고 있었다. 가지 말라고. 아직 다 보여주지 못했다고. 더욱 가슴 떨리게 내 발목을 붙잡는 것이 있었다. 깃발을 든 남학생과 그 옆에서 탬버린을 치며 발동작을 하고 있는 여학생이 나누는 은밀한 눈빛과 미소였다. 아, 나는 이 생에서 저런 눈빛 한 번 주고받은 적 있던가.

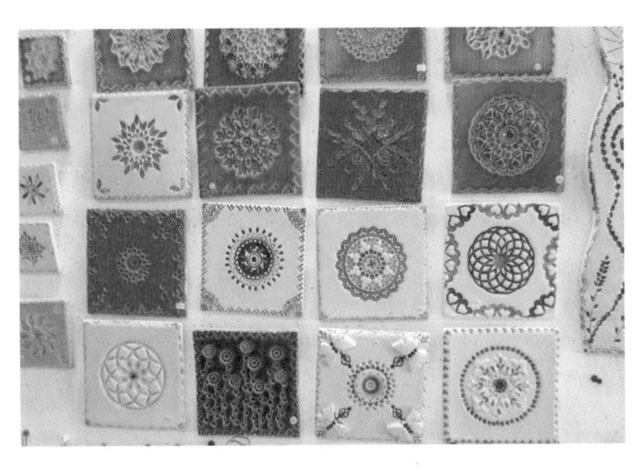

MADE

ELEVEN
11
HOSTEL

A PARADA DO CAMIÑO
KitKat

# 여행의 이유

포르투에서 시작하여 산티아고 데 콤포스텔라까지 290킬로미터에 이르는 해안길을 14일 동안 걸었다. 일, 집, 운동. 정해진 줄 위에서 매일 같은 일을 반복하던 내가 줄이 더 짧아지기 전에 나를 한 번 더 먼 곳으로 던져놓고 싶어 떠난 여행이었다.

어느 날은 비가 내리고, 어느 날은 날아갈 것 같은 강풍에 휘청거리고, 어느 날은 햇살 쨍쨍한 하늘 아래를 걸었다. 길 위에서 봄 여름 가을 겨울을 모두 겪은 것 같다. 변덕스러운 날씨만큼이나 해프닝도 많았던 카미노였지만, 무엇보다도 많이 웃을 수 있었던 것은 길 위에서 만난 친구들 덕분이었다. 비를 맞으면서도 길가의 꽃들과 눈맞춤하고, 셀카를 찍자며 덤비던 친구들 덕분에, 외롭지 않은 여행이 되었다. '핑크 스네일'이라는 별명도 얻었다.

대서양의 파도소리를 들으며 걷는 길, 마을이며 숲에 들어설 때마다 비에 젖은 유칼립투스나무 냄새가 코를 찌르는 길, 아침이면 새들의 노랫소리를 들으며 걷는 길, 마을 사람을 만날 때마다 올라, 인사하며 걷는 길…. 노란색 화살표를 잃을 때마다 구글맵을 켜들고 차들이 쌩쌩 달리는 도로를 걸어야 했지만, 내 귓가엔 아직도 파도소리와 새들의 노랫소리가 들리고, 코에선 유칼립투스 냄새가 나는 것 같다. 꿈을 꾼 걸까. 아직도 발바닥과 발목이 시큰거리는 걸 보면 꿈은 아니었나보다.

이번 여행을 통해 포르투갈 순례길이 얼마나 걷기 좋고 아름다운 길인지를 알게 되었다. 굳이 800km의 프랑스길을 걷지 않아도, 좀 더 험난한 북쪽길을 걷지 않아도 산티아고에 갈 수 있다. 산티아고 순례길을 걷고 싶지만 시간이 충분치 않은 이들이나, 체력의 한계를 느껴 순례길을 망설이는 이들, 파도소리를 들으며 혼자만의 시간을 보내고 싶은 이들에게 포르투갈 해안길을 추천하고 싶다. 그래서인지 포르투갈 순례길은 '영적인 길'이라고도 불린다. 물론 내가 그랬던 것처럼, 때로는 그 길을 걷는 순례자들이 당신을 혼자 있도록 가만두지 않겠지만 말이다.

여행하면서 이상하게도 불면증에 시달리곤 했는데, 돌아오자마자 잠에 곯아떨어졌다. 자도 자도 졸리다. 하루빨리 여행의 꿈에서 벗어나야겠지만, 쉽게 깨고 싶지 않은 꿈이다.

그 사이에 작고 소중한 생명이 우리에게로 왔고, 벚꽃비가 내리던 어느 날 아버지는 육신의 짐을 벗고 먼 길을 떠나셨다. 코로나19로 인해 조문은 사양하고 가족장으로 치렀다. 소박한 장례식이었지만, 생전에 당신이 아끼고 사랑하던 자식들과 조카들, 손주들 모두 참석하여 아버지가 얼마나 성실하게 열심히 사셨는지를 나누는 시간이었다. 입관식 때 아버지가 평소에 좋아하시던 양복과 타이를 입혀드렸고, 가족 모두는 아버지께 올리는 마지막 편지를 준비해 낭독해드렸다. 그리고 가시는 길 외롭지 않도록 고운 천에 편지를 싸서 함께 넣어드렸다.

어머니는 백 미터도 안 되는 우리 집까지 오는 발걸음이 더 느려졌지만, 아직은 괜찮다. 사브리나의 아버지 말씀처럼 우리는 '언젠가 떠날 사람들'이다. 아버지를 잘 배웅해드렸듯이 어머니와 남은 시간을 따뜻하게 보내고, 지금 여기가 순례길이라 생각하며 살아갈 것이다. 내가 순례길에서 하루도 빠짐없이 걸어냈듯이. 가족에 대한 마음이 그 어느 때보다 애틋하게 느껴지는 걸 보면, 내 여행의 이유는 역시 사랑이었나 보다. 오래전 아버지가 동동거리며 사는 나에게 해주신 말씀이 들리는 듯하다.

"하루하루를 소풍처럼 생각하고 살아라."

## 포르투갈 해안길 경로(총 292.3km)

**0일차** Porto–Foz do Douro | 6km

**1일차** Foz do Douro–Labruge | 18.4km

**2일차** Labruge–Povoa de Vazim | 14km

**3일차** Povoa de Vazim–Esposende | 21.7km

**4일차** Esposende–Viana do Castelo | 28km

**5일차** Viana do Castelo–Moledo | 25km

**6일차** Moledo–Oia | 30km

**7일차** Oia–Baiona | 20km

**8일차** Baiona–Vigo | 25km

**9일차** Vigo–Redondela | 20km

**10일차** Redondela–Pontevedra | 19.6km

**11일차** Pontevedra–Caldas de Reis | 21km

**12일차** Caldas de Reis–Padron | 18.6km

**13일차** Padron–Santiago de Compostela | 25km

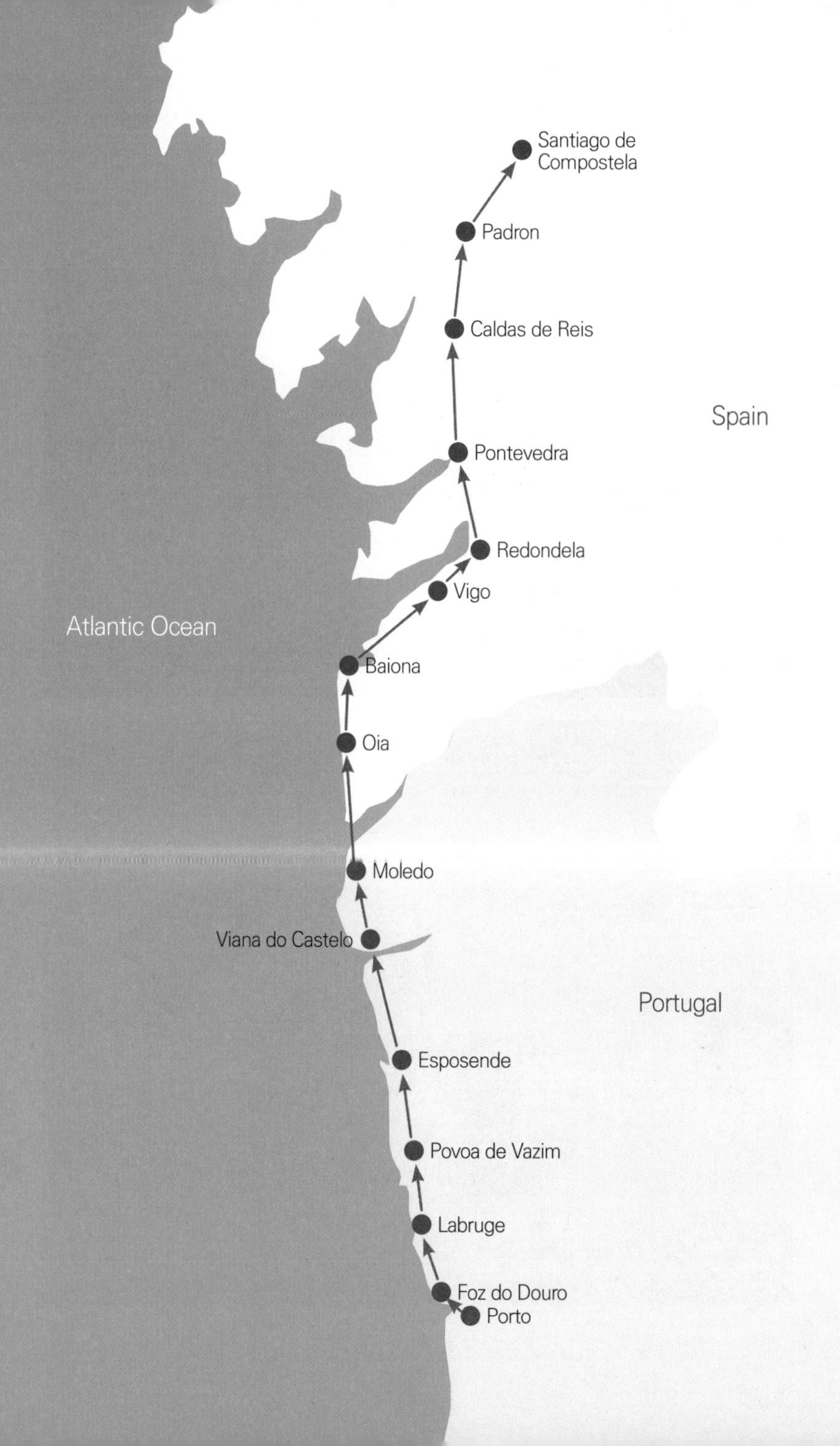
Santiago de Compostela
Padron
Caldas de Reis
Spain
Pontevedra
Redondela
Vigo
Atlantic Ocean
Baiona
Oia
Moledo
Viana do Castelo
Portugal
Esposende
Povoa de Vazim
Labruge
Foz do Douro
Porto

SANTIAGO ROAD
NOCERA
Vincenzo con noi
SUPERIORE
Ž.V.-SLO + F. Z
2017
19.11
22.9.18
Kaunas
Lithuania

Peggy
NINA
APRIL 2019
SANTIAGO

지금 여기,
포르투갈

**초판1쇄** 2022년 11월 25일 **초판2쇄** 2023년 1월 16일 **지은이** 한효정 **편집교정** 김정민 **기획** 박자연, 강문희 **디자인** 화목 **마케팅** 안수경 **펴낸곳** 도서출판 푸른향기 **출판등록** 2004년 9월 16일 제 320-2004-54호 **주소** 서울 영등포구 선유로 43가길 24 104-1002 (07210) **이메일** prunbook@naver.com **전화번호** 02-2671-5663
**팩스** 02-2671-5662
**홈페이지** prunbook.com | facebook.com/prunbook | instagram.com/prunbook

ISBN 978-89-6782-177-7 03920


**값 16,000원**

이 도서의 국립중앙도서관 출판예정도서목록(CIP)은 서지정보유통지원시스템 홈페이지(http://seoji.nl.go.kr)와 국가자료공동목록시스템(http://www.nl.go.kr/kolisnet)에서 이용하실 수 있습니다.